U0514285

国家出版基金项目
NATIONAL PUBLICATION FOUNDATION

"十四五"时期国家重点出版物
出版专项规划项目

现代化进程中的哲学问题与哲学话语
系列研究丛书

郝立新　主编

技术意向性 与现代 技术治理

王小伟 ——— 著

辽宁人民出版社

© 王小伟　2023

图书在版编目（CIP）数据

技术意向性与现代技术治理 / 王小伟著 . — 沈阳：
辽宁人民出版社，2023.5
（现代化进程中的哲学问题与哲学话语系列研究丛书 /
郝立新主编）
ISBN 978-7-205-10691-1

Ⅰ . ①技… Ⅱ . ①王… Ⅲ . ①科学技术管理—研究—
中国 Ⅳ . ① F204

中国版本图书馆 CIP 数据核字（2022）第 244437 号

出版发行：辽宁人民出版社
　　　　　地址：沈阳市和平区十一纬路25号　邮编：110003
　　　　　电话：024-23284321（邮　购）　024-23284324（发行部）
　　　　　传真：024-23284191（发行部）　024-23284304（办公室）
　　　　　http://www.lnpph.com.cn
印　　刷：辽宁新华印务有限公司
幅面尺寸：170mm×240mm
印　　张：11.75
插　　页：2
字　　数：190 千字
出版时间：2023 年 5 月第 1 版
印刷时间：2023 年 5 月第 1 次印刷
责任编辑：青　云
装帧设计：留白文化
责任校对：吴艳杰
书　　号：ISBN 978-7-205-10691-1
定　　价：60.00 元

丛书主编

郝立新，中国人民大学明德书院院长，教育部长江学者特聘教授，哲学院教授，马克思主义学院教授。兼任教育部教学指导委员会（哲学专业）副主任委员，国务院学位委员会哲学学科评议组成员兼秘书长，中国马克思主义哲学史学会会长，中央马克思主义理论研究和建设工程首席专家。曾任人大哲学院院长、马克思主义学院院长。

主要研究领域：马克思主义哲学，中国特色社会主义理论体系。近年主要著作有：《当代中国马克思主义哲学研究走向》《马克思主义发展史》《新时代中国发展理念》《当代中国文化阐释》《习近平中国特色社会主义思想的哲学意蕴》（英文版）《中国现代化进程中的价值选择》。在《中国社会科学》《哲学研究》《马克思主义研究》《人民日报》《光明日报》《新华文摘》等刊物上发表论文二百多篇。

本书作者

王小伟，中国人民大学哲学院副教授、杰出青年学者。兼任中国自然辩证法研究会常务理事、青年工作委员会主任，北京市科技史与科学社会学学会副秘书长，*Journal of Responsbile Reserach and Innovation*、《科技伦理研究》《哲学家》等杂志编委，《信睿周报》"技术向后看"专栏作者，豆瓣时间"科学在左，人性在右——科技伦理的 10 个哲学反思"栏目主讲人。主要研究领域为技术哲学、道德哲学、科学技术与社会。

总　序

　　现代化是世界性的社会运动或历史进程。从世界范围看，现代化既具有普遍性规律和共同特征，同时又具有由各国历史、制度和经济文化等条件所决定的特殊道路或具体特征。在当代，现代化与哲学之间形成了复杂而丰富的关系。哲学发展受到现代化的深刻影响，同时又对现代化进行批判性的反思和积极性的建构。现代化进程中产生的种种问题备受哲学关注，并引发哲学研究在现实维度上的拓展与深化；哲学对现代化的深层联系和发展密码进行解读，对人们从宏观上、整体上把握现代化具有重要意义。

　　改革开放之初，邓小平提出了"面向现代化、面向世界、面向未来"的深刻洞见，对中国教育和哲学社会科学发展产生了深远影响。现代化发展一直是当代中国哲学非常关注的现实问题。当我们进入新时代、迈上现代化新征程之际，需要认真思考哲学应如何继续"面向现代化"，如何进一步关注和回应中国式现代化发展进程中的重大问题。笔者认为有必要关注以下方面。

　　第一，要深入挖掘和充分运用马克思哲学思想的资源，以历史唯物主义为指导。在分析和认识现代化的过程中，存在多种解读模式或理论范式。马克思哲学思想对于我们考察和解读现代化具有重要指导意义。从一定意义上说，马克思对资本主义社会的理论分析与对资本主义现代化的理论分析是一致的。马克思关于社会历史辩证法的思想，关于对资本主义历史进步性的肯定和对资本主义的局限性的分析，关于从民族历史向世界历史的转化、从人的地域性存在向人的世界性存在的转化的论述，关于对资本逻辑的批判和对资本主义异化特别是劳动异化的分析批判，关于社会进步和人的自由而全面发展的思想，关于跨越卡夫丁峡谷的思想等，对于我们认识现代化的历史、现状和未来，对于我们比较资本主义现代化和社会主义现代化的特征和道路，具有重要的世界观和方法论意义。当前，我们秉持马克思的实践精神和批判精神，既要对现代化道路进行建设性的思考，也要对现代化进程中出现的问题进行反思性的批判。

第二，要整体地历史地把握现代化，认清现代化的整体性和复杂性。现代化是一个历史性范畴，也是一个总体性范畴。现代化既是一个历史过程，又是包含多个层次、多向维度、多种矛盾的复杂结构。各个时期、各个国家对这一概念的理解有所不同，甚至大相径庭。从总体上看，现代化是当今世界许多国家发展的重要目标和趋势。它既是历史发生的过程，又是现实进行的运动，也是未来发展的趋势。考察现代化，应该从历史与现实、民族与世界、普遍与特殊、科学与价值、建构与批判等多种维度或比较视野来思考。如果说现代化运动肇始于18世纪的西欧，那么至今已跨越三个多世纪。从世界范围看，现代化有着一些共同的指向和公认的指标，但是各个民族或国家的现代化又存在不同的发展道路、不同的具体目标。从科学维度看，现代化是一个"类似于自然发展的历史过程"，即具有其物质基础、内在的规律性，具有与社会形态发展规律相一致的客观性；从价值维度上看，现代化是由一定社会主体（民族或国家）的利益驱动、为实现一定价值目标的社会运动，是一个进行价值认知、价值认同、价值评价、价值选择、价值创造和价值实现的过程。我们要在现代化发展的规律性、必然性和主体性、价值性的统一中把握现代化，在决定性和选择性中把握现代化。一方面，要看到从传统的农业社会向现代工业社会、信息社会乃至更高文明社会转型或发展过程中必须依赖一定的物质前提、文明条件；另一方面，又要看到与现代化发展相联系的社会制度和实现路径存在多样性和选择性。

第三，深入分析现代化进程中的各种矛盾关系，探索现代化进程中如何实现社会全面进步和人的全面发展目标的路径。无论是在中国还是其他国家，现代化进程往往都存在物的发展与人的发展、物质生活与精神生活、群体发展与个体发展、人与自然环境之间的矛盾，这些矛盾在不同的历史阶段、不同的国家、不同的社会制度下，具有不同的表现和解决途径。在当代中国，如何在促进物的全面丰富的基础上促进人的全面发展、丰富人民的精神世界、提高社会的文明程度的问题日渐凸显。当前，人的现代化和共同富裕备受关注。从社会发展目标和发展动力来说，现代化的本质是人的现代化。人的现代化不是抽象的命题，它是人的发展与总体现代化进程相一致的过程，是人的素质、能力、品格、社会关系由传统状态向现代状态的转变。如果社会现代化没有体现在人的现代化上，或者没有人的现代化作为支撑，那么这样的现代化是不健全的，也是缺乏持续前进的动力的。共同富裕是全体人民的共同富裕，是物质生活和精神生活的共同富裕，是需要经过长期奋斗而逐步实现的过程。以共同富裕为价值目标的中国式现代化，不仅要促进物质文明和精神文明的发展，而且需要大力推进国家治理体系和治理能力现代化，为共同富裕提供制度保障。我们期待，中国式现代化的推进对于普惠人民、造福人类发挥更为重要的作用。

本系列丛书旨在汇聚哲学各分支领域的研究者，对世界现代化和中国式现代化进行多维透视，深化对现代化的哲学问题的研究。受到后现代思潮中解构主义影响，现代化所产生的问题被解构为各自独立的问题，这就造成问题分析与应对的桎梏。因此，有必要通过诸学科联合、相互交叉的方式，从多维视域立体地建构对于现代化问题的全面解读和辨析，进而将碎片化和孤立的视域集合成具备有机整体性、实践性、现实性和历史性的多维视域，以此来形成系统的具有实践意义的有机理论体系。哲学作为人类智慧的凝结，应当肩负起时代的责任，在现代化背景下，对人如何处理与诸多因素之间的关系问题，从思想与实践的双重维度提出应对方案与分析，给予中国现代化进程以强有力的支撑。推陈出新，建立中国自主的话语体系，成为当前哲学工作者亟须面对的重大学术命题。本系列丛书关注并研究了以下问题。

关于现代化和主体性的问题。自工业革命以来，人类生产力的发展速度有了飞跃的提升，呈加速度的状态，推动了人类历史发展，人的生存方式发生了本质性的变化，人的主体性得到了极大的觉醒。与此同时，人与自身、人与人、人与其他事物之间的关系也产生了一定的变化。在现代化过程中，人类的存在方式、交往方式、社会系统和思想观念等，都受到现代化的深刻影响。个体与社会之间的张力愈加突显，"实现自我"与"公共视野"自觉或不自觉地成为人们亟须应对的问题之一，并由此衍生出"治理主体"的合法性问题。此外，主体性的觉醒，使得个体较以往更为关注自身，那么在地方、国家乃至全球的治理过程中，个体的权利与义务、公共性以及正义，在新的时代被赋予了新的内涵，再次成为人们关注的热点。基于上述语境，现代化问题就其本质而言，是对于人的问题，是人与自身、人与人、人与其他事物之间的关系问题。现代化问题从宏观来说，包括如何处理与自然、科技、宗教、传统文化、人自身以及主体间关系等一系列问题。近代以来，人的主体性得到极大的觉醒，自人类进入现代社会，人们如何处理"过去"和"现代"成为一个普遍性问题，如何对过往进行扬弃，适应新的时代，是现代化过程中所有领域都必须面对的。现代化的过程还伴有全球化过程，使得"全球化"的一般性与"民族"的特殊性之间的碰撞，较以往更为激烈，受到人们的普遍关注。

关于建构理解和把握现代的概念框架和现代化进程中人的生存问题。"现代"是标志人类文明发展的形态学概念。从横向空间的角度来讲，现代就是指现代社会；从纵向时间的角度来看，现代就是指现代历史。当历史进入现代，哲学家以实践思维的方式关注现实，对热点问题作出与时俱进的哲学审视，从而超越虚无与喧嚣，安顿我们的心灵。置身于现代性的境遇，我们需要解读当代哲学的公共视野，反思现代性的悖论与后现代哲学的解构之维，思考如何在时代语境中哲学地"改变世界"，阐释人们在现代社会实现自我的思想根基，对人生的可能之路作出兼具现实性与超越性的价值选择，回归生活世界的精神家园。

从西方现代化的大背景看，现代是人被确认为认知主体、权利主体和欲求主体的解放时代。资本和权力以不同的方式规定了现代主体性解放在知识生产、权利保障和欲求满足三个维度上的成就与限度。现代展开为以主体性为中心，以资本和权力为两翼，以知识、权利和欲求为支点而构成的立体结构。通过阐释现代的这些基本概念及其相互关系，为探讨人类社会历史发展的现代化历程提供了宏观的总体性视野，避免了单向度的还原主义理解带来的局限。中国式现代化超越了西方现代化的资本逻辑，开创了人类文明新形态。阐释中国式现代化生成，发展、成形和达到理论自觉以及在实践中再出发的规律，是本丛书担负的一个重要使命。

关于从现代化视角关照中国哲学的问题。现代化使得历史的发展呈现出加速度的状态，使得人类自身与当下现实出现了一定的张力，并且这种张力会随着加速度的提升而增大，人受到精神与现实的双重压迫。当我们从传统文化和思想领域切入，为了缓解这种张力，我们需要对传统进行溯源。一方面，从历史的维度对既有思想和理论进一步挖掘，以历史和现实为基础，并对其进行扬弃，为新的思想和理论的建构做好基础性铺垫；另一方面，从历史之中汲取必要的历史经验，以此为依托，与现实经验相互参照，对中国哲学(广义)进行理论上的补充和建构，反思现代文明的发展，以此再返还中国哲学自身，从政治、伦理和生态三个维度对中国哲学进行建构，让理论自身能够与时代接轨，建立中国自己的学术话语体系，以满足现代化社会的发展需要。作为中国哲学(广义)有机构成中的重要组成部分，中国化的马克思主义哲学亦是如此。中国哲学具有鲜明的特点，即历史性特点、经典性特点和批判性特点，需要在历史中重新确立其主体身份，在经典研讨中激活源头活水，在批判性反思中重构自身。若不能深切把握这三个特点，就无异于失却了自我。当代中国哲学关注的问题都是全球现代化进程中的普遍性问题，如哲学的主体性与普遍性、公民教育、启蒙、权力、生态伦理、气候变化等，这些都是持久不衰的话题，既具有理论性质又富于现实意义。通过对它们的认真探讨，可以充分体现中国哲学之于现代社会、现代世界的"鉴照"。

关于现代化进程中的科学技术问题。现代化进程中最为突出的特色是人和技术的高度交互，技术在各个层面都在深入影响人的生活。这不仅反映在技术可以作为一种工具被随意使用，也反映为技术本身在重塑主体性。前沿技术的发展总是超越了现有法律和伦理框架，亡羊补牢式的研究办法不能提前预知技术可能造成的各种伦理困境，人在物的使用中始终保持高度的道德自由。所以，我们能够把握的，只能是人的意向，技术造成的结果完全由人的意向决定。随着我国进一步深化改革，国际政治经济实力进一步提升，如何处理技术发展和伦理之间的张力成为亟须解决的问题，建构一个有说服力的、能够连接人和技术人工物的主体性观念，并给技术哲学，尤其是技术伦理学讨论提供规范性资源，成为哲学的又一历史任务。当前，中国社会正在进入深度科技化时代，科技在带来巨大机遇的同时也带来诸多风险和挑战。诸多技术风险无法通过技术评估的方法得以规避，这是因为技术评估思路预设了技术是中立的工具，人是唯一的能动者这一现代形而上学，继而无法深刻理解人与技术的关系。只有克服这一现代形而上学，才能真正解决技术风险问题。技术意向性研究指出，技术并非是中立的工具，可任由人使用。技术有意向性，技术意向性始终调节人的知觉，深刻地影响人的根本存在。人与技术在能动性的生成意义上是彼此共构的。伴随科学技术和全球经济一体化的推进，现代化同人们的生活紧密交织在一起，从思维到人们的实践活动，再到社会制度，乃至人们的信仰，都受到了影响和改变。面对时代的变迁，原有的逻辑思维方式已经不能适应快速发展的现代化，逻辑和批判性思维能力的现代化成为亟待解决的时代课题。如何提高人的逻辑和批判性思维能力，是我国现代化进程中必须认真对待的问题。

关于现代化进程中的伦理问题。现代化进程极大地改变了人们的现实环境，使得人们的交往方式发生改变。而互联网的迅猛发展，对基于以往生产方式和生活方式的伦理和道德提出了挑战，如何从思路、手段、途径和方法等方面提出可行性的应对方案，如何在延续原有道德和伦理的优良因素的基础上继往开来，成为中国现代化建设过程中需要攻克的难题。其中，中国网络社会的伦理问题值得关注。网络社会具有区别于农业社会、工业社会的现时代特征，这就是以信息技术为主导的科技进步带来的人的生存方式、交往方式和时空观念的巨大改变，这是对网络社会之历史必然性的揭示。中国政府、中国企业、中国国民在网络社会中提出了多种应对方式，同时面临不少困境。研究者从理性主义现代性问题意识入手，从责任伦理出发，依据责任的大小和关联程度，着重探讨中国网络社会中的各个不同主体的责任及其实施方式，从应用伦理层面为中国网络治理的合法性和构建基于网络社会的人类命运共同体的尝试提出了学理建议。

关于国家治理体系和治理能力现代化的问题。国家治理的本质是在国家与社会之间建立一套规范性系统，这个规范性系统不能仅仅用"典章式"的制度体系来概括，而应被理解为一个良性的、"活的"社会生态系统。要建成这样一个系统，不仅需要制定一系列设计完备、相互衔接的制度体系，更需要在运行这个制度体系的过程中形成一种良性的活动机制。前者是治理体系的基础，后者是治理能力的核心。国家治理的规范性系统需要德治即伦理系统的驱动，伦理系统虽然也是一种约束机制，但这种约束是一种自我约束，其目的是追求某种道德价值。法治不但要契合这些伦理特性，而且要稳定、优化、提升和重组这些伦理特性。从国家治理的角度讲，这就是法治的规范性功能。立足于这一功能，法治构成了国家治理之规范性系统的两大支柱之一，为社会的良性运行提供了刚性的约束机制。在国家治理体系与治理能力现代化的大背景下，为构建国家治理的伦理系统提供一个理论论证和建设思路，研究者从政治与伦理的关系讨论当代政治哲学中道德主义与现实主义的关系，并提出新时代马克思主义伦理学与德治文化共同构成当代中国国家治理现代化事业的文化之基，这是一种具有中国特色的现代文化治理方案。

此外，本丛书还从马克思主义中国化时代化以及当代中国社会实践发展的角度探讨了中国式现代化的实践逻辑。

中国已踏上现代化的新征程，中国与世界的联系更加紧密。在世界历史进程中把握中国式现代化的民族性和世界性，认清中国现代化道路的特质，是中国哲学工作者的重要使命。我们期待这套丛书能为关注现代化的读者提供一些参考、引发一些思考。

十分感谢中国人民大学"双一流"建设项目和北京市"双一流"建设

项目的资助。2019年，中国人民大学哲学院承担了"北京市与中央高校共建双一流大学"项目"现代化进程中的哲学问题与哲学话语"。本丛书是该项目的成果。最后，感谢辽宁人民出版社的大力支持，使本丛书顺利出版。

郝立新

2023年4月

目　录

第四章

荷兰学派后现象学路径技术意向性反思

第六章

自动驾驶体验的意向性分析——以特斯拉汽车为例

余论

第一章

绪论

一、背景

（一）技术现实的挑战

十八大以来，习近平总书记高度关注当代高新前沿技术在中国的发展情况，多次在世界互联网大会上致辞，在媒体上对人工智能、区块链等技术的应用和推广表达鼓励和支持。总书记在主持召开的中央全面深化改革委员会第九次会议明确指出，科技伦理是科技活动必须遵守的价值准则，要构建覆盖全面、导向明确、规范有序、协调一致的科技伦理治理体系。① 可以预见，随着我国进一步深化改革，国际政治经济实力进一步提升，如何处理技术发展和伦理之间的张力将成为亟待解决的问题。要充分解决这一问题，为我国现代化技术治理提供健康思路，我们势必要从技术哲学角度来更加深刻地理解技术和人的关系。目前常见的技术伦理思路是所谓的技术评估模式（Technology Assessment，TA）。②

简言之，就是把伦理看作审查清单表。当技术的使用导致了具体的负面后果时，我们拿着这张审查表去研判后果的严重程度。整体上来说，技术风险评估是一种后发思路，俗话称为"事后诸葛亮"。随着前沿技术的不断发展以及人类社会的深度科技化，这种后发思路已经不能很好地解决科技伦理问题了。前沿技术的发展总是超越了现有法律和伦理框架，亡羊补牢式的研究办法不能提前预知技术可能造成的各种伦理困境。TA思

---

① 参见《习近平主持召开中央全面深化改革委员会第九次会议》，载中央人民政府网，http://www.gov.cn/xinwen/2019-07/24/content_5414669.htm。

② 参见黄擎明主编：《技术评估——理论、方法与实践》，浙江大学出版社1990年版。

路通常预设技术是中立工具，人是道德主体，人与技术从本体论地位上看完全不同，技术造成后果的好坏完全由人的意向决定；人在物的使用中始终保持高度的道德自由。虽然这一思路仍然在很大程度上支配日常生活常识，但在技术哲学讨论中基本已经被放弃。

（二）超越主客二分

一般而言，所谓现代性的来临肇始于人与物的本体论二分。这种二分将人看成唯一的能动者，非人的一切，包括技术人工物都被看成是一种资源和工具。笛卡尔明确提出"我思故我在"，将我思当作是一切存在的确定性基础。[1]他从普遍怀疑开始，试图找到自明的条件。既然一切都怀疑，那么怀疑活动本身是当下确凿无疑的。如果怀疑是自明的，那么一定要预设一个怀疑者的存在。通过这样一种超验分析法，笛卡尔试图从我思推出我在。这样一来，人在认识上的主体地位就被确立了。康德认为有理性的存在者有道德，因此有尊严，没有理性的物没有尊严，只有工具价值。[2]康德的道德形而上学工作旨在为道德奠基，即回答康德是如何可能的问题。如果有道德，即有那种对所有意志有绝对普遍规范性的原则，那么这一原则可能的形而上学条件是什么？康德认为任何为了实现具体经验目的的行为准则都不能当作道德原则，因为这些目的都必须以道德目的为前提。如果剥离了任何具体经验目的，那么一个准则所剩下的无非就是法的普遍规定性和意志对它的绝对服从。这就是所谓的绝对（定言）律令，即我总是按照可以将其理解为普遍法的那种原则去行动。康德的道德主体

---

① 参见倪梁康：《"我思故我在"及其现象学的解析与重构》，载《开放时代》1999年第2期。

② 参见[德]康德：《道德形而上学》，张荣、李秋零译注，中国人民大学出版社2013年版。

性讨论影响至为深远。他以理性为道德奠基，理性也成了道德意向性的前提。这就使得动物和技术人工物均被排除在道德主体之外。

这一传统虽然一开始并不是人类中心主义的，即认为凡是有理性的存在者都是主体，但是在实际上因为人是唯一有理性的存在者，因此常常导致人类中心主义的结论，将人看成唯一的主体。这样一来，人成了价值之源，人的道德主体地位也被巩固起来。这种现代性二分使得人得以赋予自己独特的主体的地位，将自然祛魅，进而对其进行数学物理化还原，为自然科学和技术应用的大发展做了形而上学准备。与此同时，随着现代生活的不断深入，现代性二分也导致了各种深刻的危机。其中环境问题最为突出。但是如何解读技术所导致的环境问题则千差万别。正如海德格尔所指出的那样，如果我们仍然将环境问题看成技术使用不当问题，仍然将人看成唯一的道德能动者，希望对人进行道德训诫或者进行技术改良以治理环境问题，就是与虎谋皮。因为这种困境恰恰是由于现代性主客二元论所导致的，因此，不反思这一存在论传统将无法解决环境危机问题。

如果把目光投向现实，将这种主体主义偏见暂且搁置，着力于刻画现实生活中人的日常行为，我们就会注意到很多现代生活中的决策都是人与技术共同完成的。仅仅将技术人工物看成是价值中立的工具，将其完全隔绝于主体之外的思路常常面临道德究责的困境。现代化进程最为突出的特色是人和技术的高度交互。技术在各个层面都在深入影响人的生活。这不仅反映在技术可以作为一种工具被随意使用，也反映在技术本身在重塑主体性。例如，无人驾驶汽车，人工智能技术的发展使得人的道德主体地位不断受到挑战。近些年来，随着后现象学者例如唐·伊德、荷兰学派，乃至于科学社会学传统人文工作者例如拉图尔等人在技术哲学方面的努力，主体这一概念的外延正在不断扩大，主体性不再专属于人。甚至导致这样一种倾向，即认为人和技术人工物都是能动者，都具备意向性。的确，随着现代技术对生活世界的全面渗透，很多道德决策都是在人机交互中完成的。

（三）技术对人的调节

一个现代人生活在人工小区环境中，受到燃气系统和自来水系统的支持，使用电脑办公，利用手机同其他人进行联系，出门乘坐公共通勤系统，生病了则需要去医院使用各种医疗仪器进行检测，饮食起居各个方面通过技术的中介才能完成。现象学技术哲学家伯格曼曾专门讨论过现代生活的深度技术化特征。他认为前现代技术需要人与物进行更加丰富的互动，技术的使用和完成都需要人的涉身性参与。但现代技术有一种装置化倾向。技术越来越小巧，越来越封闭，运转在背景之中不引起人的注意。这样的技术完全退化成了消费品，人和技术的关系变成了消费和使用关系，这势必侵害人丰富的存在处境，造成生活世界的贫乏还原。伯格曼常用取暖技术来说明这一点。[①]壁炉的工作需要准备柴火、引燃、调节空气的流通等一系列工作，因此围绕壁炉取暖，可以构建其丰富的家庭生活；但是现代的地暖系统只要交费就可以获得服务，很多时候，人们根本不会注意到它的存在，更谈不上通过取暖活动建立起关系性的生存内容。这种存在论考察做伦理延伸，我们会注意到在一个深度技术化的生活世界中，人的道德决策很大程度上受制于其所处的技术物质情境。

荷兰学派的代表人物维贝克常用超声技术来说明这一点。[②]如果没有超声技术，孕妇在产检时就无法知道胎儿是否有致命的畸形，有此技术才

---

① See Albert Borgmann, *Technology and the Character of Contemporary Life: A Philosophical Inquiry,* Chicago and London: University of Chicago Press, 1987, pp.41—42.

② See Verbeek P. P., *What Things Do: Philosophical Reflections on Technology, Agency, and Design,* University park: Pennsylvania State University Press, 2005, p.216.

存在抉择，有抉择才谈得上道德决策。再例如汽车减速带的设计与安排。通常减速慢行的交通指示牌的劝诫效果很差，人们仍然倾向于高速前进，但是通过减速带的布置，改变驾驶员的物质环境，司机就自然地降低了车速。实际上，类似的例子不胜枚举。以网购为例。常常有人感觉网购有一种令人"剁手"的诱惑力，严重削弱了自己对消费的自主能力，仿佛淘宝、京东等网络购物平台有一种巨大的黏附力，使得人无处可逃。这种用户"黏附性"甚至是"成瘾性"主要是由其特定的技术特点决定的。实体购物有准入门槛，需要通勤到特定场所，需要在商场内走动，所能看到的产品量整体有限，有心仪的物品需要当即购买等特点。网络购物几乎不受到地理距离的限制，指尖滑动即可步入网络商城。商城的陈列不受物理空间限制，可以无限堆放，大大丰富了产品的品类。有心仪的物品也可以先放入购物车，等有价格优惠或条件允许时再去购买。这种技术可能大大降低了购物的门槛，对购物自主感产生了巨大冲击。通过这些日常技术安排的案例我们注意到，道德行动是分布控制的，人的道德行为是受到其物质技术情境所广泛调节的。因此，充分反思现代性所预设的二元论，科学地描述深度技术化情境下的人的决策过程，重建传统的意向性观念就成了重建技术伦理的一个重要途径。

二、意向性概念溯源

（一）胡塞尔与意向性

为解决人类深度科技化时代所面临的种种复杂的问题，我们亟待发展一种新的理论来指导未来人技互动。在当代技术哲学研究的前沿领域中，

"技术意向性"这一概念引起了最密集的关注。所谓技术意向性，简言之就是技术人工物本身也有特定的"指向"，这种指向调节人与之互动的方式，并在一定程度上塑造人对它的使用想象，决定其按照某种功能来使用。这一概念所描述的现象本身并无特别之处，日常生活中我们常常感到技术人工物对我们意向性的影响。例如，刀虽然可以用来杀人也可以用来做菜，但却不能用来通勤。刀的材料和其工程设计实际上规定了它如何被使用，即用来切割。即使它流落在从未有过刀的部落，人们也会渐渐学会用它劈砍。这一概念真正关键的是技术意向性概念背后的现象学内涵，即它对传统人技二元论的挑战。

"意向性"最早由欧洲经院哲学家所创造，后由19世纪心理学家布伦塔诺引入当代哲学，[①]以此来表示和物理现象相区分的一种指向对象的心理能力。真正将"意向性"概念在哲学认识论中发扬光大的是胡塞尔。在胡塞尔现象学的语境中，它指的是意识的一种特殊能力，即常说的意识总是关于某个对象的意识。针对意向性的考察即针对人的认识如何可能的考察。意向活动被分为意向性内容（Noema）和意向性行为（Noesis），进而具体考察认识如何能够切入对象、赋予意义，认识存在的可能的先验条件是什么，[②]即我们如何进行一种意义赋予的活动。胡塞尔对这个概念的讨论旨在克服自笛卡尔以来认识论所面临的主客二元论。这一论证无法解释意识如何能够充分表征现实的问题。"意向性"概念的引入说明对象本身就是意向活动的一种构造性活动的结果，因此在最为自明的意识的先验领域，本来就没有主体和客体之分。

---

① See Brentano F., *Psychology from an Empirical Standpoint*, London and New York: Routledge, 2009, pp.16—18.

② See Zahavi D., *Husserl's Phenomenology*, Stanford: Stanford University Press, 2003, pp.57—66.

（二）海德格尔与意向性

意向性到了马丁·海德格尔①遂演变成了研究此在的存在方式。尽管海德格尔没有专门使用技术意向性这一概念，但我们可以将此思路从其技术存在论讨论中揭示出来。相较于胡塞尔，海德格尔开始特别关注实践生活的认识论意义，并将其做了生存论转化，即不再着力考察意向性作为一种纯粹认识的结构，转而考察人是如何实践在自处世界之中，而这种实践性的生存是一切科学认识的前提。正是这种实践朝向将其带入对技术问题的考察之中。在海德格尔看来，意向性问题的核心在于考察我们与世界遭遇的前科学生存状态，即实践性/技术性的生存。这种生存状态不分主客，是有机一体的实践活动。技术的意向性在这里可以被解读成为此在的"技术/工具"的在世方式。海德格尔继而将技术分为前现代和现代技术，并深入地考察这两种技术的存在论内涵。整体而言，海德格尔对特定的技术品不感兴趣，即使他举了很多具体技术品，例如锤子、风车、工厂等例子，但他从未真正讨论过这些技术的工程特征。他的兴趣仅止于考察具体技术品背后的统一存在论结构。

海德格尔的这种努力将技术问题上升为第一哲学问题，为后来的技术哲学做了开创性的尝试。值得说明的是，无论是胡塞尔还是海德格尔，都没有提出技术意向性一词，是技术哲学工作者专门提出了技术意向性概念。这一概念无论和胡塞尔还是海德格尔的意向性概念相比都发生了很大的变化。相较于胡塞尔，技术意向性并不特别考察技术意向活动的先验特征。相较于海德格尔，它也不将技术当作一个整体考察其存在论内涵。后

---

① See Heidegger M., Macquarrie J. & Robinson E., *Being and Time*, New York: Harper & Row Publishers, 1962.

现象学着力考察具体技术品对人的经验的调节作用，其核心是通过技术品所构造起来的物质情境来诠释人的生活世界。这一工作更加强调对具体技术本身要有工程理解，在基础上实证性地考察人与技术的互动与互构。

三、技术意向性考察的几种思路

（一）技术意向性的理论可能

针对技术意向性问题的考察，有几种可能的思路。一是进一步发展康德传统，试图从康德哲学中开展出技术意向性概念，使其能够应对深度科技化时代的挑战。囿于康德道德认识论窠臼，这一思路比较难以开展。再一个重要思路是以拉图尔为代表的科学建构论思路，[①]它和后现象学并驾齐驱，很大程度上主导今天的技术哲学讨论。拉图尔发展了一个纯粹描述性的思路，他认为在考察任何社会活动之前不应该预设特定的规范性主张，而应该首先力图"描述"社会活动是如何建构起来的。他着重考察作为一种正在形成的社会，这其中着重描述人和技术是如何作为一个行动者（actant）而非能动者（agent）互动的。拉图尔认为安全带系统本身就将道德行为的发生通过一个人技互动的方式实现出来。人因为安全带系统所发出的噪声而很自然地系上安全带。人的道德决策并不是一个理性存在者要求意志遵守定言律令的过程，而是一个人和物互动的过程，甚至是技术对人的说服过程。这一思路很显然也削弱了人的主体性，将道德问题还原成了工程问题。不少学者已经系统地介绍了拉图尔的工作，但是他的工作

---

① See Latour B., "Reassembling the Social: An Introduction to Actor-Network-Theory", *Journal of Economic Sociology*, 14(2), 2013.

严格讲不是哲学工作，而是社会人类学研究。

（二）伊德的技术意向性观念

在北美大陆，最受人关注的是唐·伊德的技术后现象学的工作。[①]伊德是工人公认的最先提出技术意向性概念的学者。后现象学者对现象学进行了一定程度的扬弃，吸收了其严格的分析方法，针对现象学的悬搁法、变更法以及生活世界等概念方法均予以继承。与此同时，其放弃了经典现象学的研究域，不再专门考察意识的先验结构问题。后现象学将重心转移到了对具体技术问题的考察上来，认为技术本身有一种意向性，即对人的知觉和能动性的调节功能。人对世界的经验在现代社会中无时无刻不是通过技术来完成的，并不是人通过自己的身体和大脑单独完成的。具体技术的应用有时创造新的知觉，有时放大／缩小某些特定的知觉，进而帮助我们建构起了特定的经验。因此，人的生活世界从来都是人与技术在高度互构的情况下完成的。技术意向性在此被理解为技术的一种"朝向"作用，使得人得以朝向特定的知觉经验。后现象学的工作对于帮助我们深入理解深度科技化时代人与技术的关系有至关重要的现实意义。虽然这一工作将重心从一般技术转移到了具体技术，从技术形而上学转移到了技术现象学，但相较而言，这一工作仍然是一般性的，它没有专门考察技术对那种知觉的调整。在此背景下，荷兰学派专门进行了技术意向性对道德经验的考察。这一工作作为后现象学的继承与发展近来受到国内外的普遍关注。

---

① See Ihde D., *Technology and the Lifeworld: From Garden to Earth*, Bloomington: Indiana University Press, 1990; Ihde D., *Bodies in Technology*, Vol.5., Minneapolis: Univesity of Minnesota Press, 2002; Ihde D., *Experimental Phenomenology: An Introduction*, Albany: SUNY Press, 1986; Ihde D., *Postphenomenology: Essays in the Postmodern Context*, Evanston: Northwestern University Press, 1995.

（三）荷兰学派与技术意向性

荷兰学派以代尔夫特理工大学的分析的技术哲学、屯特大学的现象学技术哲学为代表。分析的技术哲学着重考察技术人工物的本体论地位问题，其代表人物是代尔夫特理工大学教授彼得·克洛斯。克洛斯认为技术人工物具有二重性，它的功能取决于物质构成和人的意向设计。[①]也正因如此，技术人工物本身也有意向性，其特定的物质组成、工程结构和功能朝向会对人的意向性构成影响。因此，特定价值可以通过技术人工物的设计嵌入其工程结构中去。荷兰学派的代表人物维贝克发展了美国技术哲学家伊德的后现象学传统。后现象学研究是建立在对海德格尔技术追问的扬弃基础上开展的。该学派拒斥将技术当作铁板一块，进行怀旧而抽象的批评，而将注意力转移到对具体技术品的考察上。后现象学是将现象学严格的分析方法和实用主义有关经验的概念结合在一起，进而用来考察具体的技术物如何来调节人对生活世界的经验的一种学说。[②]后现象学家强调生活世界的经验是由人和物共同建构的，主动摈弃人和物的二元论。这一思路后来被维贝克继承，其道德物化观认为人的道德可以外包给技术人工物，继而通过物来实现道德。[③]这种思路虽然还未直接宣称物也是主体，但是人的主体地位已经被高度削弱，这引起了康德主义者的强烈批判。

---

① See Kroes P., " Engineering and the Dual Nature of Technical Artifacts ", *Cambridge Journal of Economics*, 34(1), 2010.

② See Verbeek P. P., *What Things Do: Philosophical Reflections on Technology, Agency, and Design*, University park: Pennsylvania State University Press, 2005; Verbeek, P. P., *Moralizing Technology: Understanding and Designing the Morality of Things*, Chicago: University of Chicago Press, 2011.

③ 参见王小伟：《荷兰学派道德物化观点溯源》，载《自然辩证法通讯》2020年第6期。

虽然当今的技术哲学界普遍排斥人技二元论和技术中立论，广泛接受技术意向性概念，但是否要赋予技术人工物"强意向性"仍然有相当争议。通常我们认为道德责任仅仅归属于道德主体，而道德主体一定要预设其行为的自觉和自愿。唯有如此，道德问题才谈得上究责问题。最近几年在技术哲学中有关道德主体地位的讨论逐渐变得非常热烈。大部分学者仍然对此报以较为审慎的态度，认为还不能完全承认人工物的道德地位，但是应该考虑适当拓展道德能动者的概念，甚至干脆放弃道德能动者(moral agent)，而改用道德行动者（moral actant）来处理当下的技术伦理问题。技术哲学中的这种道德主体泛化的倾向一方面遭到质疑，另一方面也说明现代社会深度科技化的现实要求我们提供新的哲学资源，以此来更加充分地理解人和技术物的关系，从而为构建新时代技术伦理提供新鲜思路。

四、意向性的再梳理

在本书中，笔者将着重考察最新技术哲学前沿热点，荷兰学派是如何理解技术意向性概念的，并在此基础上开展针对无人驾驶汽车的技术哲学分析。全书共分六章，第一章为前言。在第二章中，笔者将比较细致地考察海德格尔的技术批判。海德格尔率先将技术问题置于存在论层次上进行讨论。因之常被认为是真正的技术哲学第一人，是讨论技术哲学问题绕不开的人物。海德格尔发展了胡塞尔的现象学讨论，将胡塞尔考察认识结构的形而上学条件，即认识的先验结构这一重心转移到考察人的存在结构上来，试图通过技术这一生存活动来阐释人所面临的独特的生存处境问题，即此在的在世结构问题。海德格尔奠定了现象学技术哲学的基础性思路。

通过这一章的讨论，笔者将在第三章中引入伊德后现象学的研究工作。后现象学试图继承现象学的严格的分析方法，试图超越主客二分论，"变更理论""生活世界"等概念出现，着力分析人的生活世界是如何被技术调节的。

但后现象学并没有直接继承传统现象学的问题域，更没有把现象学当成现象学史研究。它拒绝讨论技术的存在论条件，即将其当作铁板一块进行抽象讨论。后现象学关注技术分殊，考察具体技术人工物对人的影响，并在此率先提出了技术意向性概念。从第四章开始，笔者将介绍荷兰学派对技术意向性问题的讨论。笔者将首先介绍维贝克如何发展了伊德的后现象学工作，并在此基础上介绍道德物化观中的技术的道德意向性概念。维贝克将后现象学的工作做了伦理转向，特别关注研究技术的道德意向性问题，即技术如何调节人的道德行为。这一观点也得到荷兰学派分析路径的认同。在第五章中，笔者将介绍克洛斯如何从技术人工物本体论的角度研究技术的道德意向性，并介绍他如何能够认同道德物化这一技术道德意向性研究成果。在充分介绍以上理论后，笔者将在第六章中使用技术意向性概念来考察无人驾驶汽车所涉及的安全伦理问题。笔者将以特斯拉电动汽车的自动辅助驾驶系统为案例，详细地通过后技术意向性概念来解析自动驾驶经验的形成和相关伦理问题。

五、结论

随着人类社会的深度科技化，越来越多的人深刻地认识到技术对人的赋权与祛权效应。技术一方面加持我们的能力，另一方面也在剥夺另一些能力。可以肯定的是，技术绝不再仅仅是中立的工具，随意被使用，用后被搁置以备再需；技术有意向性，它时刻调节我们的生活经验。当面对林林总总的科技产品时，现代人亟待发展出一种技术的现象学自觉意识，理解技术时刻参与构建我们的知觉，进而影响我们的决策。将这一视野运用在审度科技伦理问题时，我们不能再将科技理解为中立工具，将科技伦理问题简单还原为科学家和工程师的个人品格问题，认为科技伦理困难无非是科技滥用导致的，只要对科学家和工程师进行充分的伦理教育，提高其道德品格，就能一劳永逸地解决科技所带来的种种社会问题。与之相对，技术意向性概念的分析告诉我们，科技伦理问题绝不仅仅是"好人"和"坏人"的问题，人的道德能动性以各种知觉信息为前提，技术通过调节知觉来影响道德能动性。道德行为不是人脑中的一系列孤立的思维活动，人的道德意志不仅仅封闭在人的心灵中。意志活动是分布式的，广泛分布在人与技术品的联系中。道德行为是人与技术品在高度互构的情况下涌现的一种决策行动。这样一来，科技伦理研究需要着眼于描述技术物质情境对人的构成性作用。这一思路将为我国的科技伦理工作提供重要的建设性思路。

第二章

海德格尔技术哲学与技术意向性

一、为什么是海德格尔

"技术意向性"是技术哲学讨论的核心议题之一。要系统理解技术意向性问题，必须将其置入技术哲学史中进行观察。技术哲学作为一个新兴研究领域越来越受到广泛重视。[①]随着各种新技术的发明和广泛应用，人类社会正在经历前所未有的深度技术化进程。物联网、人工智能、大数据乃至于基因编辑技术所带来的各种前沿问题引起了广泛的伦理讨论。从世界范围看，大量的交叉学科中心获批用以研究技术伦理问题，传统的科学哲学研究进入平缓期。技术哲学讨论虽然很热，但并没有统一的问题域和研究纲领。其中包含存在论、科学技术与社会研究、应用伦理学等多种研究范式。技术哲学史家卡尔·米切姆教授把技术哲学粗略地分为两个阵营：[②]一个是工程师传统，这一阵营的学者试图打开技术黑箱，从工程设计角度对技术本体论、技术伦理问题进行讨论；二是人文主义哲学，这一阵营的学者试图把技术当作一个整体的现象来考察，不太重视具体技术人工物的分析。

技术哲学工程传统的代表人物德国学者恩斯特·卡普。卡普的《技术哲学纲要》率先系统讨论了技术作为人体器官投射的理论。[③]技术在他

---

① See Mitcham C., " What is the Philosophy of Technology？", *International Philosophical Quarterly,* 25(1), 1985.

② See Ihde D., " Philosophy of Technology ", *Philosophical Problems Today,* Berlin Heidelberg：Springer, 2004, p.95.

③ See Kapp E., *Elements of a Philosophy of Technology: On the Evolutionary History of Culture,* Minneapolis：University of Minnesota Press, 2018, pp.27-35.

看来是人体器官的延伸，他试图通过技术来"置换"自然，以便将自然改造成得心应手的另外一个"身体"。相较于工程传统，人文主义传统所产生的影响似乎更加深远。人文主义传统中的学者众多，他们并未考察技术的工程结构，主要还是从存在论、文化批评、社会批判等角度介入技术问题。随着技术哲学研究的兴盛，其研究纲领越来越多元，哲学性似乎越来越弱，实证性则越来越强。工程传统越来越强调对工程自身的理解，技术哲学研究逐渐走向工程伦理。人文传统也强调实证研究，开始与社会学研究重叠。这些倾向都有消解技术哲学的风险。因此，如果从狭义角度讲技术哲学，它必须有很强的哲学性，而哲学性最强的是存在论讨论。也就是说，技术哲学的哲学性必须上升到第一哲学的角度来讨论。

技术问题一直不是传统哲学讨论的重点，其历史因此十分短暂。将技术哲学上升到第一哲学高度的是德国哲学家马丁·海德格尔。海德格尔把"技术"当成了哲学的核心问题进行讨论，技术对它而言就是人的生存。[①]海德格尔的技术讨论不仅自身很重要，也成为后来技术哲学家的灵感之源。实际上，如要充分研究无论是后现象学还是行动者网络理论，都必须回到海德格尔那里去寻找源头。虽然海德格尔没有专门讨论过"技术意向性"问题，也没有使用这一词汇，但实际上通过他对技术的反思，可以提炼出技术意向性的观念。考察海德格尔技术哲学中预设的技术意向性，对将此概念接入哲学史有至关重要的作用。笔者将首先介绍几种对海德格尔技术哲学的常见误读，然后在此基础上结合技术意向性概念分析其技术哲学的基本思路。

---

① See Lovitt W., *The Question Concerning Technology and Other Essays*, New York and London: Garland Publishing, 1977, pp.3-36.

二、海德格尔技术观的几种常见误解

（一）海德格尔敌视现代技术

海德格尔将现象学讨论从意识研究中拉入实践中来，对其做了生存论转换。其技术讨论核心是考察人的工具性/实践性在世。这样一来，技术意向性可以被转化为技术的实践引导能力。海德格尔没有专门讨论过技术意向性问题，但从他对技术的一般观点中，可以整理出可能的技术意向性思路。一种观点认为海德格尔敌视现代技术。[1]海德格尔认为现代技术和传统技艺有根本不同，前者会造成大范围的环境问题，甚至人的异化。这种说法主要源自海德格尔对工业化本身的猛烈批判，其中最为常用的经典论据是海德格尔对现代农业的论述。现代农业的本质是工业化农业，其核心是一套工厂化生产销售逻辑。土地、种子和空气在此过程中都被促逼成随手可用的"持存"，[2]所有的神圣感、超越性都被驱逐了。这样一来，人对自然的索取就陷入无度，甚至将人自身当作资源，视为人力资源。海德格尔另外用了伐木场的例子来说明这点。在伐木场中，只有当人被"持存"化了之后，树木才能被木材化。人和木材在伐木场中都是持存，都是整个供应链的一个环节。从这个意义上讲，海德格尔认为现代农林业同纳

---

① 参见王玉平：《海德格尔对现代技术的沉思》，载《世纪桥》2006年第11期；宋祖良：《海德格尔与当代西方的环境保护主义》，载《哲学研究》1993年第2期；康敏：《来自技术的危险——海德格尔对现代技术的追问》，载《科学技术与辩证法》2002年第2期。

② See Heidegger M., *The Question Concerning Technology*, New York and London: Garland Publishing, 1977, p.15.

粹的毒气室是一回事。毒气室也把人当成持存，持存未必是资源，持存的根本是其可被随意处置。这可以理解为现代技术意向性引发特定榨取行动。与此相对，海德格尔似乎非常青睐传统技艺。他举了木匠、银匠、风车乃至于莱茵河上的小桥作为例子来说明这一点，认为这些前现代技术不将万物"持存化"，传统的技艺是一种"带出"的真理发生方式。比方说银匠在制作银盘，他就要照顾银本身的一些性质，不是简单地把它看成是一种特定原子的组合，随便取舍。银的性质启发和决定了人如何去处理它、去想象它。银盘的完成本身可以说是银在存在意义上的实现。这里，技术意向性表现为"带出"，而非"促逼"。结合这两点来看，很自然地推论出海德格尔是敌视现代技术的。

（二）海德格尔是一个技术决定论者

海德格尔也常被看作是一个技术决定论者。[1]这主要是因为他明确地将技术当作人类的"命定"。海德格尔在"技术追问"中明确地表明现代技术就是此在的"命定"。[2]人必然生活在技术中，根据海德格尔的说法，人是被"抛入"现代技术的存在处境中的，虽然能够掌握具体技术品的研发和生产，但是并不能拒绝现代技术作为一种存在方式的"命定"。这种看法意味着通过技术风险评估来规避现代技术风险的做法根本不可能有效，它唯一能规避的仅仅是特定技术品可能造成的具体经验性的危害，但就现代技术对人在存在论意义上挑战而言丝毫没有任何效果。从这个角度讲，我们可能会认为海德格尔是一个技术决定论主义者，认为技术具备

---

① 参见葛玉海、曹志平：《生产力与座架：马克思与海德格尔在技术决定论上的异同》，载《自然辩证法研究》2015年第4期；王建设：《技术决定论：划分及其理论要义》，载《科学技术哲学研究》2011年第4期。

② See Heidegger M., *The Question Concerning Technology*, New York and London: Garland Publishing, 1977, p.24.

一种支配性意向，使用它会导致人的奴役。这种决定论还是比较悲观的决定论，认为人无法摆脱技术的命定，必然走向沉沦。

（三）海德格尔是一个技术怀旧主义者

最后，海德格尔还常被当成一个怀旧主义者。[①]不管海德格尔是不是敌视现代技术，一些学者认为海德格尔起码偏好前现代技术，尤其是工匠技艺。从文本上来看，这似乎是毫无疑问的。比如说水电站和风车，这两者都是把自然资源动力化。水电站把流水转变为发电动力，风车则把空气流转化为做功动力。从工具模式角度讲，这两者没有根本差别。但是海德格尔明确表示风车较之于水电站更加可取。水电站将水当作持存，但是风车在海德格尔看来就是带出，是风、木头和人的一种互相完成的过程。所有前现代技术，无论它在工具意义上同现代技术如何相同，它的解蔽模式都是"带出"而非"促逼"。海德格尔似乎在此采用了双重标准，这一点在学界似有共识。

三、海德格尔的技术追问

实际上，以上对海德格尔的技术观的三点看法都未能准确反映他的技术批判逻辑。海德格尔既不是一个技术决定论者，也不是技术悲观论者和技术怀旧主义者。海德格尔的技术观只能从他的存在论哲学框架中来进行

---

① See Verbeek P. P., What Things Do: *Philosophical Reflections on Technology, Agency, and Design*, University park: Pennsylvania State University Press, 2005, pp.67-68; Ihde D., *Postphenomenology: Essays in the Postmodern Context*, Evanston: Northwestern University Press, 1995, pp.103-105.

理解。一旦充分分析清了技术哲学在海德格尔存在论哲学中的位置，我们就能充分理解他的技术观。

　　海德格尔早期的主要兴趣一度集中在对"自由"问题的考察上。[①]自由问题可以理解为是一个"意向性"问题，自由是意向行为的前提，也是它的表现。他的存在论问题研究实际上也就是自由问题研究。这其中神学研究，谢琳、康德、笛卡尔，对海德格尔都有深刻的影响。从自由到技术的转变初看起来非常突兀。为什么一个带有一定经院气质的德国哲学家会对技术问题抱有兴趣呢？首先，海德格尔所处的时代确已是一个科技昌明的时代，现代生活所特有的基本资源组织方式在其在世时已经广为使用。虽然他在生活趣味上更加偏好德国乡下人生，但他对汽车、电灯、电话等现代生活常见用品毫不陌生，原子弹的发明和使用似乎对他的冲击也非常大。海德格尔甚至还十分关注前沿生物技术的发展，曾表示过对人类自身进行技术改造的忧虑。我们可以说技术问题之所以为海德格尔所关注，部分是因为他的确感受到了其所处时代技术生活的独特性。

　　更重要的是，海德格尔对技术问题关注的核心是对存在论的关注，是对自由问题的关注。他似乎感觉到了技术有一种巨大的意向性能力，这一能力使得人的生活世界被高度贫乏化了。人们生活在技术的宰制中，几近于无能为力。现代技术作为一种存在方式遮蔽了真理的发生，侵害了人最原初的自由性。技术问题的考察实际上是其存在论考察的延续。下面，笔者将扼要地在海德格尔存在论框架下讨论其技术哲学，在此基础上回应有关技术悲观论、决定论和怀旧论的三点批评，提炼其"技术意向性"思想。海德格尔技术哲学的核心文献是《技术追问》一文，笔者将紧扣这一

① Heidegger M., *The Essence of Human Freedom: An Introduction to Philosophy*, London: A&C Black, 2002; Heidegger M. & Stambaugh J., "Schelling's Treatise on the Essence of Human Freedom", *Philosophical Review*, 98(2), 1989.

文献对海德格尔技术哲学的存在论思路进行介绍和梳理。

（一）从一般技术哲学过渡到技术存在论

海德格尔的技术追问发端于一个问题，即技术的本质是什么，或技术是什么。当我们谈到"S是P"时，通常是在陈述一个命题。P作为一个谓项表述S的一个属性，这其中"是"将S和P关联起来，S是不是P可以通过一系列经验证据进行确证。例如"花是红的"这一命题就可以诉诸视觉来甄别其真假。同样的，当追问技术是什么的时候，通常追问的是技术具有什么特性。这些特性可以使得技术从其他存在中区别出来。有关技术的一系列属性中最突出的是其工具性，也就是作为一个手段来实现一个特定目标的能力。因此，海德格尔提出，凡俗的意见认为所谓技术的本质就在于它的工具性，技术不是别的，技术就是工具。[1]但海德格尔并不满足于此，他继续做存在论发问，问这种"工具性"的本质是什么。海德格尔认为"实现目的的手段"这一工具性的本质在于其因果性。或者说，工具性实际上预设着对因果性的理解，因果性是工具性可被理解的前提条件。[2]紧接着，海德格尔要追问什么是因果性，他回溯到亚里士多德四因说来回答这一问题。

亚里士多德的四因说分别为质料因、形式因、目的因和动力因。针对四因，海德格尔进一步深入追问什么是四因的因性，换句话说，什么是因的本质。[3]海德格尔举了祭祀用银盘的例子来说明。凡俗的看法认为银盘的质料因是银子，形式因是它的样子，目的因是祭祀的企图，动力

---

① See Heidegger M., *The Question Concerning Technology*, New York and London: Garland Publishing, 1977, p.5.

② See Heidegger M., *The Question Concerning Technology*, New York and London: Garland Publishing, 1977, p.6.

③ See Heidegger M., *The Question Concerning Technology*, New York and London: Garland Publishing, 1977, pp.8-10.

因指的是银匠。这四因完成一种整体关系，共同决定银盘的制造。但是问题在于，这四因又是由什么决定的呢？它们是如何能够被看成一个有机整体而带来特定的结果呢？海德格尔认为如果我们不进一步深入追问这个问题，我们还是没办法深入理解技术的本质。到这一步，我们已经看出海德格尔的存在论企图，他是要考察最根本性的存在问题。

究竟是什么决定了四因的可理解性呢？海德格尔首先驳斥了我们对四因的现代误解。对于现代人来讲，讲到一个东西是另外一个东西的原因，我们一般默认动力因优先。在银盘的例子中，我们会问银盘是谁造的。回答往往是银盘是银匠造的。银匠作为把一个有广延的东西造出来的条件，被看成是原因，有时甚至被看成是唯一原因，而忽视了其他三因。海德格尔指出，当亚里士多德用四因的时候，他理解的"因性"并不是把东西制造出来，这是一个典型的曲解。古希腊人理解的"因"在希腊文中是aition，指的不是"制造"或造成什么效果，而是指对某些特定东西负有责任，特定东西的存在亏欠于其。[1]在银盘的例子中，银子的材料、盘子的形式、祭祀的目的包括人都对银盘的制造负有责任，银盘亏欠这四种元素以成其所是。这其中，目的因本质上并不是我们所理解的那种"目的"（purpose），而是telos，telos决定了何种物质与理念（aspects）与祭祀银盘相关。而银匠最终对银盘的完成和使用负责任。这里必须要注意，并不是银匠将盘子这一物理广延物实际上制作出来使其成为动力因，银匠在此的功能是将前三因充分"考虑"，并将其看作一体。"考虑"在此意味着将其带出，使其成己，并保持自身。[2]正是银

---

[1] See Heidegger M., *The Question Concerning Technology*, New York and London: Garland Publishing, 1977, p.7.

[2] See Heidegger M., *The Question Concerning Technology*, New York and London: Garland Publishing, 1977, p.8.

匠，使得其他三因按照特定的方式和办法发生作用，将银盘带出来。海德格尔继续问，究竟是什么使得这四因能够统一起来呢？在古希腊哲学的语境里，上面所提到的"亏欠"和"负责"究竟是什么意思呢？

海德格尔的"亏欠"和"负责"不是道德词汇，没有伦理规范性。在他看来，四因的本质是将事物带入显现，使其发生并抵达（The principal characteristic of being responsible is this starting something on its way into arrival）。因此，负责意味着引出（Veranlassen），使其发生，使其显现。① 海德格尔认为这才是古希腊人所理解的有关因果性的本质。进而，海德格尔说明使得过去和未来还"未显现"的得以当下"显现"的叫作带出（poíēsis）。② 换句话说，带出就是使得过去和未来现在化的一种努力。从这个意义上讲，银盘的发生是一种带出。但是技术人工物的"带出"要有外因，"带出"的最完满形式是自因带出，这就是自然。花朵的开放本身即一种"带出"。"带出"是自然和人工物的一种存在方式。但是带出的条件是什么呢？或者说，带出的存在论结构是什么呢？

海德格尔进一步论述带出就是将"遮蔽的解蔽"。"解蔽"在古希腊语词对应的是alētheia，今人常常理解为真理（truth）。③ 在充分讨论了这一问题后，海德格尔重新回到技术问题上来。他的逻辑是，不停追问什么是"工具性"必然会将思维导入存在论讨论，进而认识到技术的本质在最深层次的意义上是一种"解蔽"活动。但是技术在古希腊那里的意义比较宽泛，包括工匠的制造活动以及艺术活动。总之，技术的本质不在于制

---

① See Heidegger M., *The Question Concerning Technology*, New York and London: Garland Publishing, 1977, p.9.

② See Heidegger M., *The Question Concerning Technology*, New York and London: Garland Publishing, 1977, p.10.

③ See Heidegger M., *The Question Concerning Technology*, New York and London: Garland Publishing, 1977, p.11.

造、操纵或者手段，而在于解蔽。它的本质无非是一种"带出"，一种特殊的解蔽活动。① 在此，虽然海德格尔没有专门使用"意向性"概念，但是将遮蔽的解蔽这一活动可以理解为技术／工具的一种最为根本的"意向性"，即技术是这样一种活动，它总是要把那些被遮蔽的东西通过技术活动呈现出来，使它得以现实化。

（二）从科技关系走入现代技术本质

在此基础上，海德格尔进而开始讨论现代技术的问题。② 当我们问什么是现代技术时，通常会认为现代技术是自然科学的应用。海德格尔反对这种看法，他认为技术是科学的前提。这初看起来是颠倒的。海德格尔的讨论始终驻足在存在论层面，在此反思此在最为深层次的存在结构问题。而我们的日常观念却预设了现代性的形而上学，即主客二分的主体主义世界观。这个世界由主体和客体构成，主体是精神活动，是非广延的，而物质性的客体是有广延的，主体通过自己的意志去表象客体。世界之所以能够被认识，是因为主体是理性存在者，纯粹理性通过先天的范畴和直观来处理杂多的经验感官内容，进而将其整理为命题，成就知识。这一套认识论及其所垫靠的存在论直到今天还在主宰我们的日常思维，这一特点在科学活动中表现尤其突出。在这一思路下，科学活动被看成是主体对客体的认识活动，技术活动是主体使用科学理论来改造客体世界的实践活动。只有在这种语境下，技术才是科学的应用。因此，将技术看成科学的应用本身预设了主体性哲学的形而上学。这本身就是海德格尔所要挑战的。在他看

① See Heidegger M., *The Question Concerning Technology*, New York and London: Garland Publishing, 1977, pp.8–13.

② See Heidegger M., *The Question Concerning Technology*, New York and London: Garland Publishing, 1977, p.14.

来，技术绝对不是科学的应用，这种看法只有在主体性哲学中才成立。但是主体性哲学都犯了一个存在论错误，就是把存在者当成了存在，因此完全不能刻画存在自身。海德格尔认为技术活动根本上不是一项生计活动，而是生存活动。那么技术活动作为生计活动和生存活动有什么区别呢？

我们首先考虑生计活动。例如一个银匠要做银盘，我们可能这样描述这一过程："银匠是个主体，他有一个目的，这个目的是要给东家做一个祭祀用的银盘。因为这个目的，他要去打银子，开动手脚来完成这项工作。"

这个生计活动中的"目的"被理解为主体的目的，目的的设定被理解为主体的实践理性活动，对目的的追求被解读成主体内在的一种意向性活动，与之相关的情绪被当作是人脑中的情感体验，作为一种心理现象被把握。具体而言，银匠要在其工作过程呈现自觉，即他要将银子和手头的工具都当作一个对象，将自己看成一个谋划者和制造者，进而开始打造活动。这样一来，要研究银盘的制作，我们就会去深入考察主体的技能、主体的意志和心理体验乃至于工具和银子的物理属性等。这一描述当然也无可厚非。但海德格尔却继续追问，那种把工具和银子当作对象的情况何以成为可能呢？也就是说，我们为何能够理解"对象化"这一活动呢？毫无疑问，动物和植物是不会对象化认知的，唯独人可以。显然，"对象"之所以成为可能本身依赖一种特殊的意向性活动，只有在人的意向活动中才出现对象。海德格尔认为，人如果要进行"对象化"认识活动，他必须先已经"理解"了他所要认识的东西，也就是说"理解先于认识"。

这一论断初听也是倒置的。我们一般认为"认识"先于"理解"，充分认识才能臻至理解。从海德格尔的视角来看，这主要是因主体主义哲学偏狭的认识论所致。在此框架下，"理解"表现为对命题的把握，"认识"恰恰是建立命题的过程。比方说经典物理学将星体理解为质点这一对象。牛顿定律主要考察质点是否按照特定的数学规律运动，而数学的基础则又奠基于认识理性。一旦认识到"质点按照牛顿定律运动"，我们就宣称理解了星空。但是海德格尔所言的"理解"显然不是这个意义上的理解，因为他从根本上反对主客二分，根本上反对科学形而上学的生存论优先性。在他看来，理解的本质是让真理现身。真理在此不是被理解为一种符合论意义上的真，这种真实际上已经被还原成了正确（correctness）。①当我们说"花是红的"是真理的时候，我们指的就是花的颜色经由视觉符合我们对红色的规定。海德格尔认为这种真理观也谈不上错，但是不是最根本的真理，遗失了真理在古希腊语境中的存在论内涵。他要问这种符合论意义上的真理何以成为可能，这才是最为根本的真理。

符合论的真理实际上预设了一种科学形而上学。主体和客体是二分的，人是唯一的认知者，外在世界是客观的，受到自然规律的支配，自然规律可以被人的理智所表象。人通过感官接受外物的刺激，再经由理智进行加工，最终完成命题，形成知识。只有在这个意义上才谈得上外在对象是否符合理论预期。可见，符合论的真理观本身是主体性哲学的一种认识论成果，是一种特殊的意向性活动。海德格尔试图彻底扬弃这种主体性哲学立场，因为它必然陷入将"存在当作存在者"的根本困境。最根本的真理在他看来是"解蔽"活动。因此真理又可以动词化，即使之真理化（truthing），也就是"使之解蔽"，让"遮蔽着的出发并且抵达解蔽"，这一过程才是海德格尔口中的"理解"。

辨清这一点，方能把握海德格尔所谓理解先于认识，技术是科学的前提的生存论内涵。于他而言，"理解"对应的是技术，而"认识"对应的是"科学"。科学认识在海德格尔看来是一种还原，是将生活世界的"理解"逐一剥夺后剩下的内容。海德格尔用了很多日常活动的例子来说明这

---

① See Heidegger M., *The Question Concerning Technology*, New York and London: Garland Publishing, 1977, p.12.

一点。日常生活最为根本的处境是工具化处境，人生活在其中，对所有的东西有一种"熟悉"，这种熟悉先于"认识"，也一般不在意识中呈现出自觉。一个人走进一个房间，从不去考虑自己是如何开门的，如何坐下的；也不可能将门把手当成一个对象，将它看成是门的一部分，将自己看成一个进门人，然后去开门。同样的，钉钉子通常也完全是一种非对象化的活动。人们不会觉得自己在把钉子当成对象，然后拿另外一个对象锤子去击打它。相反的，人完全融入了这一活动。人们甚至能心里想着事，还不停手中活，达到物我两忘的状态。①只有当锤头掉了时才突然坠入独特的认知模式中，把锤子当成一个对象，开始观察它哪里出了问题，哪些和之前不同。这时，人们通常还是按照原先的功能去理解锤子，去把锤头找回来装上；只有当锤子破坏到相当程度，以至于需要从头制作一把新的时候，才会将它当作一个物理对象考察，研究木头和各种金属的物理属性。想象你正在为一个完全不知道锤子为何物也从来不需要锤击活动的外星人解释什么是锤子。你会试图说明木头和铁的各种物理属性，告知它们的空间位置和连接方式，而丝毫不提它的功能。这个外星人只要懂科学，就能复刻锤子。但是这把锤子和人类的版本差别很大，前者完全是认识的，而后者是生存性的。海德格尔认为，只有我们一步一步地抽象掉锤子在"上手"（当它是工具时的状态）状态下的情境性，我们才能得到它"在手"（当它是物理对象时的状态）状态下的各种属性。在"上手"状态下我们感觉到合手、好用，一旦抽离掉这个情境，锤子才变成了外星人眼中的锤

---

① See Heidegger M., Stambaugh J., *Being and Time*, United Kingdom: State University of New York Press, 1996, pp.64-66.

子，是一堆物理属性的集合。因此，"上手"在逻辑上先于"在手"。①
我们和世界最为原初交往的方式是实践性（生存性）的，是"为了什么而
将其当作什么以便实现什么"的一个过程（ take something as, in order to,
for the sake of which ）。这就是海德格尔所言的此在的在世界之中（being
in the world ）。后现象学家伊德将这一结构看成一种技术意向结构，并在
此基础上发展了自己的技术意向性学说。②

　　此在（Dasein）是海德格尔构造出的新词。③日常语言通常预设了主
客二分的形而上学。为了避免这一问题，海德格尔不得不发明一些新的词
汇来表述他的存在论。当我们说"人"在用锤子的时候，我们常常还是预
设了"主体意向对象"这样一种主体主义哲学的意向性结构，为避免这一
问题，海德格尔使用"此在"来代替"人"。此在既不是生物学也不是人
类学意义上的人，更不是认识论中所必要预设的超验自我。此在指代的不
是人，而是人的存在。当我们说"人"在用"锤子"钉钉子的时候，作为
一种存在活动严格讲应被表述为此在按照"上手"方式在世。这一在世方
式在这里可以被理解为一种特殊的技术意向结构，它和纯粹认识的意向结
构有根本不同。在这一意向活动中，此在（人）并没有将自己和锤子对象
化，没有将自己和锤子做二分。我们把木头把上放铁头的东西看作锤子，
是为了钉钉子以便制作某物件或使物件牢固。锤子不是简单的铁元素和木
头的组合，将锤子当成物理对象的前提是我们在生存活动中已经渗透着对

---

① See Chillón J. M., " Ready-to-Hand in Heidegger, Philosophy as an
　　Everyday Understanding of the World and the Question Concerning
　　Technology ", *The Hand: Perception, Cognition, Action*, Cham: Springer
　　International, 2017, pp.115-126.

② See Ihde D., *Technics and Praxis: A philosophy of Technology*, Berlin,
　　Heidelberg: Springer Science & Business Media, 2012, p.5.

③ Dasein中的da德文原意指的可以是"那里"，或者"这里"，近来也被译为"开放
　　的"。

它的理解。因此，"技术"在海德格尔这里恰恰就是日常生存性活动最为原初的状态，是不分主客的前认识生存结构，或者说是一种实践意向性结构。在此背景下，科学作为一种纯粹的认识活动以技术活动为前提。

在另外一个层面，当科学作为一种技性科学而言，技术仍是科学的前提。[①]海德格尔技性科学说后来产生了深远的影响，伊德的工具诠释学、拉图尔的行动者网络理论都直接受其启发。在海德格尔看来，现代科学完全是仪器科学，非在实验室中不能完成。一旦把自然物放进实验室，这些东西就被袪魅化，被打碎、研磨、摆置以为实验所用。例如去研究矿物学就需要捡石头，压碎测定元素，甚至去炸山观察岩石分层。这对于一个崇拜山神的民族来说是不可思议的。可见，只有把山的灵性、神圣感作为山民的此在的生存活动统统抽象掉，才能把山当成岩石，当成碳酸钙，也才可能制造各种实验设备去观察它。海德格尔追问，是什么使得这种技性科学成为可能呢？或者说技性科学的本质是什么呢？显然，按照海德格尔的思路，技性科学的本质不在实验室里，不在技性科学本身，其本质在于现代技术的本质之中。

至此，海德格尔开始进入现代技术批判。他认为技性科学的本质是促逼万物，把万物当作"持存"的一种解蔽方式。在这个过程中，人（此在）将自己看成主体，将万物看成对象，甚至连对象都不是，而是将其促逼成赤裸裸的持存（standing reserve）。[②]持存和对象不同，对象可以是一系列物理属性的集合，但是持存化的核心特征在于它完全将对象剥离情境，将之储存起来随时取用。例如我们把水电解成氢气和氧气存起来，用

---

① See Heidegger M., *The Question Concerning Technology*, New York and London: Garland Publishing, 1977, p.14.

② See Heidegger M., *The Question Concerning Technology*, New York and London: Garland Publishing, 1977, pp.14-20.

来做火箭的燃料。将水按照这个方式来解蔽，实际上是一种促逼。为什么海德格尔用"持存"不用"资源"或者"储备"一词呢？在环境伦理的讨论中，这两者常常互换使用。首先，资源一词在日常语境中很容易造成一种主体—客体想象。所谓资源，无非指主体珍视的对象而已。例如西方人认为石油是资源，但对中东部落的土著人来说则没什么价值，谈不上是资源。因此"资源化"在日常语境中被理解成了主体赋值活动。很显然，海德格尔选择"持存"而不用"资源"可以很好地规避主体—客体想象。在此，不存在一个能动主体有意地将万物当成持存的活动。此在将人和万物都按照特定的方式摆置，将他们解蔽为持存。可见，持存化不是人作为一个能动主体的能动活动，它是人处其中，参与完成的一种存在揭示。

此在在这一解蔽中对万物进行命令。这种促逼此在去命令万物，将其当作持存方式"解蔽"的现象被称为集置（装框）（Gestell）。[1]德语的Gestell有书架、骨架之意。从字面上理解，无非就是把万物按照特定的结构去摆放，以使得它们按照特定方式呈现出来。一如分别把水注入茶杯和烧杯，水即分别变成了饮料和溶液。集置是一种特别的摆放，它让万物甚至人本身都变成了"持存"。至此，海德格尔说明了现代科学作为一种技性科学也是以技术为前提的。这里的科学和技术不是我们所理解的分科之学或工程活动，它毫无疑问是在存在论意义上的科学和技术，即作为此在在世的一种模式。现代技术的本质是"集置"，这是有别于"带出"的一种技术意向性。这一意向性使得人和万物一样被促逼，被摆放为随时待命、立等可取的持存。这显然不意味着人作为主体通过自己的意志来完成集置的存在方式，人和万物都只是参与者。

---

① See Heidegger M., *The Question Concerning Technology*, New York and London: Garland Publishing, 1977, p.20.

（三）从现代技术的本质走向拯救

海德格尔继而讨论集置所带来的危险。[1]海德格尔所谈到的危险，包括与之相关的情绪等都必须要从存在论角度来理解，不做伦理概念解，更不是一个人类学或社会学意义上的描述。海德格尔一直以来对原子弹技术有很深的忧虑，这很容易让人认为他担心技术对人生命的伤害。但这是形而下层面的危险，不是存在论意义上的风险。海德格尔认为，在存在论意义上，技术作为一种解蔽方式的最大问题在于它遮蔽了真理的发生。现代技术是如此强势，以至于我们忘记了它本身也无非就是一种解蔽方式。为什么它有如此的力量呢？因为现代技术所带来的巨大改造能力使得主体的权利意志高度膨胀，不断加强了这种将自己看成是万物之主的主体观。现代技术发展到极致将所有其他的解蔽方式都驱逐了，逐渐垄断了解蔽方式，遮蔽了人和自我交往。[2]也就是说，现代技术把自己乔扮成了"真理"自身，让我们彻底遗忘了"真理"无非就是"解蔽"。恰恰是因为现代技术在加强主体能动性方面如此有效，我们才会遗忘此在更为原初的开放性。

就在大概说明其技术批评的核心时，海德格尔话锋一转，提出真正的危险不在于技术，技术作为一种解蔽的"命定"才是真正的危险。[3]海德格尔一方面说技术危险，一方面又说技术不危险，初看起来前后矛盾。实际上，他指的不危险的技术是技术品，即每一个具体技术。海德格尔对技

① See Heidegger M., *The Question Concerning Technology*, New York and London: Garland Publishing, 1977, p.26.

② See Heidegger M., *The Question Concerning Technology*, New York and London: Garland Publishing, 1977, pp.26—27.

③ See Heidegger M., *The Question Concerning Technology*, New York and London: Garland Publishing, 1977, p.28.

术伦理学本身不感兴趣，因为具体的技术在他看来似乎是价值中立的。技术伦理主要研究特定技术研发和使用对人类重要价值造成的影响。海德格尔所谓的技术不专指具体技术品，他关心的是具体技术成为可能的那种形而上学条件。因此，他并不认为具体技术品有什么特别重要的风险，只有谈到技术作为一种存在方式的时候才有所谓的真正危险。

何谓"技术作为一种解蔽的'命定'才是真正的危险"呢？这句话的晦涩之处在于"命定"一词。命定的德文词是"Geschick"，英文翻译为"destining"。实际上德文词本身有"命运""宿命"的意思。英文为何译成"destining"而不是"fate"呢？"fate"在英文语境中本身带有一种负面性，它一般指我们对之无能为力的情况，人在此完全是消极的承受者。中文也不将"Geschick"直接译为"命运"或"宿命"，而特意选择了"命定"一词来避免消极感。另外，将之译成"命运"或者"宿命"很容易引起一种主体主义想象。我们常说人各有命，在此"命运"被当成主体的一个属性来看。这与海德格尔的理解有巨大差别，他所指的"命定"是此在在世的存在论结构，不存在人各有命，"命定"是每个人都要承担的。但"命定"确实和"命运"有相似之处，即它是不以人的意志为转移的，是我们身处其中无法抗拒、必须承担的。在存在论意义上理解"命定"怎么理解不以人的意志为转移呢？必须要注意将人看成有意志的主体本身是一种形而上学建构，它并不是最为基础的存在论境遇。更为基础的存在处境是将人阐释为此在。在海德格尔那里，此在的在世是有意志的主体成为可能的存在论前提。只有把人的生存活动不断地进行抽象还原，我们才能得到一个有意志的主体面对外在世界这样一个看法。所以当海德格尔谈到"命定"时，他并非讨论主体面对一种不可抗拒的对象性力量，而是现代技术作为我们不能逃离的解蔽方式对生存自由的垄断。

谈到"命定"时，海德格尔清楚地写道：

we shall call that sending–that–gathers (versammelde Schicken) which first starts man upon a way of revealing, destining, [1]意指我们将促使人走向解蔽的那样一种作为"聚集的差遣"看成是命定。这句话无非指出了"命定"是对此在而非对一个主体而言的。此在的存在论结构就是解蔽，解蔽是无法逃避的，解蔽是此在的在世构成性结构，人不可能抛弃解蔽本身存在，人总是发现自己处于解蔽和遮蔽之中。这样来看，现代和前现代技术作为两种解蔽——集置与带出——都是促使人走向解蔽的一种差遣，都是使得人并通过人完成的一种生存活动。因此，"集置"和"带出"都是"命定"。但作为"带出"的"命定"并没有带来存在危险。"集置"则不同，现代技术并非作为一种主体无法抗拒的对象化力量给人带来危险，而是作为解蔽方式的"命定"造成危险。这一危险既不是对主体的生理和心理，也不是对生态和物理世界的危险，它的危险在于"集置"一方面是"命定"，是一种解蔽，但是它却遮蔽了解蔽本身，导致"存在"的遗忘。从这一意义上讲，现代技术的危险作为一种存在论风险是最高的危险，或者说是第一风险。

海德格尔紧接着论述这一危险的本质是危机，其中蕴含着拯救。[2]他引用荷尔德林的诗"哪里有危险，哪里就有拯救"来说明这一点。既然已经说明现代技术作为"命定"是最高的危险，其中又如何能蕴含拯救的力量呢？如果靠艺术来拯救还能讲通，因为它本属于不同的解蔽。但海德格尔明确地说现代技术内部蕴含着拯救的力量。对这一问题的提出，海德格尔试图完成他的技术追问。理解现代技术的危险和拯救并生，仍必须要回

---

[1] Heidegger M., *The Question Concerning Technology*, New York and London: Garland Publishing, 1977, p. 24.

[2] See Heidegger M., *The Question Concerning Technology*, New York and London: Garland Publishing, 1977, p.33.

到海德格尔的存在论讨论。首先，拯救是存在论拯救，并不是意味着防止某个东西被破坏。拯救在此应理解为本质化，即把本质显现出来，让其回到本质之意。因此，所谓现代技术内含拯救，只能理解为现代技术自身包含着一种本质化的能力。这种本质化的能力何以可能呢？海德格尔引入了批准（granting）一词来说明。①在他看来，存在总是此在的存在，只有通过此在的在世才能讲清存在。而什么是此在则需要通过对存在者的存在的追问来理解，这两者互为阐释。

我们可以把集置看成现代技术意向性，这种集置通过对人和万物进行促逼，将其按照"持存"的方式来解蔽。海德格尔认为，只要是解蔽，就是此在的在世，都离不开人的"批准"，人在其中是解蔽的构成性要素，没有人也就没有解蔽、没有真理。但是人在此的批准不是通常意义上主体对某种特殊行动的允许，它指的是人在存在论意义上是存在得以可能的必要前提。没有人，存在就无从知晓，人是唯一知道自己存在并追问存在的东西。存在只有通过对此在（人的存在）的在世结构的说明来得到澄清。无论是现代技术的"集置"还是前现代技术的"带出"，都需要"批准"。没有人的参与，这些存在都不可能。因此人的存在论角色时刻处于一种张力之中：一方面发现自己被促逼，随时可能堕落成"持存"；另一方面通过这种最高的危险，注意到即使是"集置"也需要"批准"。这样一来，此在就能决定自己如何回应现代技术。

现代技术的危险让我们注意到此在的开放性（自由性）。虽然此在总在解蔽和遮蔽的"命定"中，但此在却拥有理解自身存在的能力，并因此可以选择针对不同的存在方式进行回应。现代技术内在蕴含的拯救就是这种本质的开放性。一言以蔽之，现代技术的最高危险在于它遮蔽了解蔽本

① See Heidegger M., *The Question Concerning Technology*, New York and London: Garland Publishing, 1977, pp.31-33.

身，一旦注意到这一危险，我们立刻认识到它无非是此在的一种存在模式而已，此在根本上是开放的、朝向多样的存在。可见，海德格尔的技术哲学实际上就是它的存在论哲学。此在的集置存在论结构可被理解为一种现代技术意向性。下一章，伊德的工作正是延续这一思路开展的。在澄清以上问题后，再回顾对海德格尔技术哲学的三种误解。

四、澄清几种误解

（一）海德格尔不敌视现代技术

通过对前文的分析，可知海德格尔并不敌视现代技术。海德格尔明确在《技术追问》中提到他不认为具体技术有致命风险。他本人也大量使用现代技术，并认同技术对改善人类生活很有助益。海德格尔比较担忧的是人对现代技术作为集置的本质缺乏了解。或者说，他忧虑的核心是此在的沉沦，把现代技术当成工具理性，盲目地去生活，遗忘了原初自由。至于现代技术本身，无论作为集置还是作为具体的工具，他本人都谈不上敌视。集置作为一种现代技术意向性，其本身不是人能左右的，人只能参与其揭示。而作为工具的技术，其结果好坏很大程度上取决于使用的方法和意图。如果严扣文本，即使从存在论意义上讲，也很难推断出他敌视现代技术。现代技术和前现代技术一样都是一种解蔽方式。就存在论讨论而言，这两种解蔽方式之间不存在价值排序。海德格尔本人在价值偏好上或许认为"带出"比"集置"更加可取，但并没有在其存在论工作中说明现代技术作为"集置"在伦理意义上不如前现代技术的"带出"，这一看法从文本中找不到根据。存在论意义上的"危险"并不是针对一个主体而言的具体风险，具体的风险带有伦理意蕴，而存在论意义上的"危险"纯粹是描述性的。

（二）海德格尔不是技术决定论者

海德格尔技术哲学也不是技术决定论的。技术决定论一般指特定技术和技术系统对人主体性的压抑。像埃吕尔和温纳所担心的那样，虽然特定技术可能受到人的支配，但技术作为一个系统和社会组织方式则完全超出造成压迫控制。[1]技术决定论预设了人作为主体，技术作为对象的世界图景，技术反过来支配了人。海德格尔不讨论人的主体性问题，在他看来人的根本处境不是作为主体面对客体存在，这是一种特别的形而上学建构，人的本质在其看来是此在。他讨论的不是技术作为不可抗的外力超出主体的把握，继而支配人和环境；他所考虑的是技术作为一种解蔽的存在结构是"命定"的，不是由我们创造或支配的。前现代技术和现代技术都是"命定"，人生存其中。技术决定论将人和技术做了二分，被当成两个存在域。但是在海德格尔这里，前现代技术和现代技术无非是此在两种在世方式。这里谈不上主体与技术的二分，无论是"集置"还是"带出"，作为两种技术意向性，都不是一种工具论意义上的意向性，而是不分主客的一种人与物互相构成的实践性在世结构。因此，这里谈不上一个相对另外一个的支配。既然所谓的传统的"主体"被消解了，海德格尔的存在论意义上的"命定"也就没有主体性丧失的风险，因此谈不上所谓技术决定论的立场。

---

[1] See Ellul J., "The Autonomy of Technology", *Technology and Values: Essential Readings,* Hoboken: Wiley-Blackwell, 1964, pp.67-75; Winner L., *The Whale and the Reactor: A Search for Limits in an Age of High Technology,* Chicago: University of Chicago Press, 2010, p.34.

（三）海德格尔不是技术怀旧主义者

海德格尔技术哲学也不尽然是技术怀旧主义的，这一点争议最大，也最值得细致回顾。从海德格尔的生平和人生经历来看，他个人可能的确有一种怀旧气质，喜欢淳朴的生活，不太喜欢都市喧嚣。但是从其理论上看，我们不能立刻得出它是技术怀旧论的。所谓"怀旧"，在日常语言中常指一种价值排序，即认为过去比现在要好，更值得追求。海德格尔的工作更多是描述性的，他认为前现代技术和现代技术无非是两种不同的存在方式，并非前现代技术就一定比现代技术好。海德格尔不可能认为传统医学比现代医学更好，他自己疗养时也用现代医学。他实际上也不太担心现代技术造成的环境危机问题，因为这本质上还是一个社会学或生态学问题。他真正担心的不是万物持存化会导致环境深度恶化，他担心的是现代技术意向性活动所带来的把控感，会不断地加强人作为有意志的主体，技术作为中立工具，世界作为征服对象这样一种存在观。这会导致人遗忘了存在，丧失了存在论意义上的自由。相对而言，前现代技术就不太容易加强这种存在观。因为它特别强调四因的互构，人在其中所扮演的仅仅是一个构成性角色，不是随心所欲的主体。

回头审视海德格尔常用的风车和水电站的例子。风车和水电站都将自然揭示为一种资源。显然"资源化"本身并非区分现代和前现代技术的标准，这一点常被人误解。例如伊德和维贝克甚至认为海德格尔在此持有双重标准。都是资源化自然物，为什么水电站是坏的而风车就是好的呢？建立在这种误解上，海德格尔被看作是一个怀旧派。实际上，不管海德格尔本人怎么看，其技术哲学自身谈不上认为水电站坏，也谈不上认为风车就好，他的存在论技术讨论不支持这种看法。另外，海德格尔从来没有认为"资源化"是区分现代和前现代技术的标准。真正区分这两者的是"持存化"而不是资源化，这两者根本是在两个层面讨论问题。"资源化"只有在工具理性的角度上才成立，工具理性在此被理解为主体使用工具改造客体，意向性统归于人，技术在此没有意向性可言。例如人使用风车将风转变为风力来抽水，继而使得旱田变成涝田。但"持存化"是在更加原初的存在论层面，在前主客体区分的存在之境理解此在的技术存在模式。这样看来，人和技术就无法划入两个存在领域，技术意向性实际上就是此在的在世方式。

真的区别不在于技术是否"资源化"自然，而在于风车并没有预设现代物理学，而水电站则需要以技性科学为前提。编年意义上看，风车的制造远早于近代物理学。实践上看，风车是一个匠人活动，技术口耳相传，不需要现代物理学作为支撑。水电站显然不是一个匠人活动，它需要大批人力按照统一的技术标准进行制造。不允许默会的知识、个人风格等因素介入研发与制造。恰恰是技性科学而非资源化本身造成了现代技术和前现代技术的区分。技性科学的本质是集置，它导致了万物的持存化。这本身是此在的命定，也的确给我们带来了一系列的生活改善。真正的危险在于此在放弃对此"命定"的回应。细致地看海德格尔，他的立场不是匠人技术比技性科学更值得青睐，而是此在仅仅将自己看成有意志的主体，进而遗忘了其原初自由性令其忧虑。因此严格讲，海德格尔不是技术怀旧派，他对现代技术和前现代技术作为技术本身并未做明确价值排序。

五、结论

本章将海德格尔《技术追问》一文置入他的存在论中进行了细致梳理，试图揭示海德格尔技术哲学的基本立场及其对技术意向性研究的可能贡献。通常有人认为海德格尔的技术哲学敌视现代技术，海德格尔操持技术决定论和有技术怀旧色彩。实际上他并没有以上立场，他的技术追问实际上是其独特的生存论发问。他从何谓工具理性着手，一直追问到技术活动本身作为"带出"和"集置"两种在世方式。仅从他的技术批评中我们看不到海德格尔敌视现代技术，他的存在论努力不是规范性的。技术真正的问题不在于它具体的危险，而在于它遮蔽了真理本身，异化了此在的在世。这从根本上是一个存在论挑战。

海德格尔的技术哲学没有专门讨论技术意向性问题。在胡塞尔那里，意向性考察的是意识的先验结构，诸如意识如何指向对象，如何给赋予对象意义等问题，这些工作旨在为科学的认识论奠基。海德格尔将重心从认识转移到了生存上来，认为认识的前提是理解，理解是最根本的存在。从这个角度上讲，海德格尔的工作可以被理解为将对认识的意向性考察转移到存在的意向性考察上来。这一存在论转变将重心放在研究此在的在世结构上，即人如何生活在世界之中。在此背景下，针对现代技术的存在论考察可以被理解为对技术意向性的考察，即对现代技术作为一种独特的意向活动的考察。现代技术的意向性在此就是集置，它将万物促逼成持存。可见，虽然海德格尔没有直接使用技术意向性一词，但是从其学说中可以提炼出技术意向性概念。针对这一技术意向性的思路，后现象学哲学家进行了扬弃。伊德一方面继承了海德格尔对主客二元论的超越以及对其在世分析的基本元素，同时批评他的宏大叙事不能给予具体的技术应用更好的解释，无法帮助我们理解技术时代人的生存处境。伊德认为海德格尔作为"集置"和"带出"的技术意向性讨论过于抽象与怀旧。结合梅洛·庞蒂的知觉现象学、诠释学和实用主义哲学，伊德对技术意向性概念进行了深入研究。

第三章

伊德技术意向性问题讨论

一、背景

前章笔者讨论了海德格尔的技术哲学观。海德格尔的讨论虽然涉及技术的意向能力，即作为 "带出" 或者是"集置"的存在方式，但他本人并没有明确提出技术意向性概念。系统提出技术意向性讨论，并将其用来考察人与"具体的技术"关系的是美国学者唐·伊德。唐·伊德（Don Ihde：1934— ）是美国当代后现象学技术哲学家。伊德于1986年获得纽约州立大学首席教授职位，在退休前被誉为纽约州立大学杰出哲学教授，2013年获得"金乌拉迪斯奖"（Golden Eurydice Award）。伊德在现象学和技术哲学领域著述颇丰，至今已出版二十余部专著，发表七十多篇论文。伊德主要关注现象学和技术哲学，发表了许多有影响力的著作，包括《感觉和意义》（*Sense and Significance*，1973）、《听和讲：声音现象学》（*Listening and Voice: A phenomenology of sound*，1976）、《实验现象学》（*Experimental Phenomenology*，1977）、《技术与实践》（*Technics and Praxis: A Philosophy of Technology*，1979）、《存在主义技术》（*Existential Technics*，1983）、《技术与生活世界：从天堂到尘世》（*Technology and the Lifeworld: From Garden to Earth*，1990）、《技术哲学》（*Philosophy of Technology: An Introduction*，1998）、《技术中的身体》（*Bodies in Technology*，2001）、《后现象学与技术科学：北京大学演讲录》[*Postphenomenology and Technoscience*，2008（中文），2009（英文）]等。在本章中，笔者将首先介绍伊德的现象学路径，在此基础上专门讨论他的技术意向性观点。

伊德的思想大致可粗略分为三个阶段。二十世纪六七十年代伊德主要进行现象学知觉研究，70年代末期将研究重点放到技术哲学上，出版了技术哲学专著《技术与实践》。80年代后，伊德十分关注拉图尔、伯克顿、哈拉维的思想，开始转向技性科学的研究。伊德的技术现象学思想是当代技术哲学的重要组成部分，其工作是技术哲学经验转向后的最具代表性尝试。彼时的哲学家已经注意到延续海德格尔的技术批判无法提供创造性的人技关系新论，无法进一步推进技术哲学深入研究。伊德的工作很大程度上是在回应海德格尔的技术批评之上完成的，他认为海德格尔技术哲学过于宏大，无法真正用来分析具体技术对人的影响。但在具体研究方法上，他则直接继承了胡塞尔的现象学办法。伊德的工作在北美哲学界有相当影响，卡尔·米切姆先生称伊德的《技术与实践》为第一本英语技术哲学专著。伊德是第一个明确提出"技术意向性"概念的学者。要想运用这一概念对当代人技关系和技术实践问题进行讨论，势必需要回到伊德的基础理论。伊德的技术现象学是后现象学技术哲学的开端和基础，近来荷兰学派代表人物维贝克的道德物化观直接继承和发展了伊德的技术意向性概念。道德物化理论作为最新的前沿热点近来引起了广泛的关注，后文中笔者将对此问题进行细致讨论。

二、后现象学技术哲学方法论溯源

（一）胡塞尔的意向性

伊德对胡塞尔的现象学和海德格尔的技术哲学都进行了扬弃，结合梅洛·庞蒂的知觉现象学和实用主义有关经验的理论，发展出了所谓后现象学的技术哲学。后现象学试图继承胡塞尔的严格的分析办法，与此同时放弃考察意识的先验结构这一问题域。意向性作为一个重要的哲学概念最早被胡塞尔专门研究。胡塞尔的现象学考察对象是意识的最一般的结构。简言之，胡塞尔现象学分析方法可分为三个层次。首先是悬搁（epoché），进而探究本质特征，最终试图将解释原则提升到先验程度。简言之，所谓悬搁就是现象学的还原，指的是要排除所有对于世界的自然观念，只对经验现象进行描述。这个阶段要排除对于实在的信念，完全进入当下最直接的经验领域。第二个层次是要从不同的现象变更中找出意识不变的一般性结构特征。这也就是所谓的变更理论（variant theory）。第三个层次就是要把根据前两层解释原则所获得的结论提升到先验程度，从而得出所有经验中不变的先验结构，抵达"意向性"。① "意向性"是胡塞尔现象学的核心概念，胡塞尔的意向性理论大概经历了两个发展阶段。

第一阶段的观点主要体现在《逻辑研究》中。胡塞尔认为"意向性"活动就是意识通过意义指向对象的活动。表达是意义的记号，表达的物质外壳是字符或语音，表达的内容是意义。表达的意义是我们通过赋予意义的行为加到表达的物质外壳中去的东西。在表达意义时，意向活动包含三个环节：意向行为、意义（意向内容）和对象。简言之，从语言角度看，表达借助于意义与对象相关联，形成"表达—意义—对象"这一结构。从意识的角度看，意向行为通过意向内容指向对象，其基本结构为"意向行为—意向内容—对象"。其后，胡塞尔在《纯粹现象学和现象学哲学的观念》中扩展和修改了他的意向性理论。除了意向活动存在结构之外，意向内容也存在结构了。胡塞尔意向性理论颇为繁难，但一言以蔽之，意向性理

① 参见[爱尔兰]德莫特·莫兰：《意向性：现象学方法的基础》，载《学术月刊》2017年第49期。

论研究的就是意识是如何通过意识行为形成意向对象、赋予意义的过程。

（二）胡塞尔对现代科学的批评

利用这一分析办法，胡塞尔晚期逐渐意识到欧洲人性危机的根源是实证主义和客观主义科学的垄断。由此他提出了"生活世界"的概念，认为只有回归到未被近代科学所遮盖的"生活世界"才能复兴欧洲文化。胡塞尔所说的生活世界主要有两层含义。一是直接经验世界，胡塞尔认为这是科学的前提和基础。他指出伽利略的工作是将世界几何化，而笛卡尔和莱布尼茨等人的工作则是把几何数学化。这是典型的科学的还原方式，用抽象化和概念化的方式去刻画世界。胡塞尔认为人与世界的关联首先是经验性的，人对世界的认识是从感知经验出发达成的。科学认识过程是建构的，是直接经验世界的抽象还原的结果。二是文化世界，文化世界是我们具体的生活世界，科学作为一种文化现象也属于文化世界的一部分。总的文化世界是具体的，具有历史性和相对性。东西方文明有自己不同的文化世界。在胡塞尔看来，近代科学是西方文化世界的特殊产物，是西方文明的果实。但是每个文化世界背后都有一个现象学的基本结构，这个结构就是直接经验世界。① 可见，胡塞尔对近代科学的批评就是对一种特殊意向活动的批评，即将世界仅仅意向为一种几何和数学的世界的批评。

胡塞尔对伊德的影响主要有三点。首先，意向性概念的提出划定了一个研究视角。意向性概念在胡塞尔这里本指的是意识的一种指向对象的特征，借助这一思路，我们可以为认识奠基。随着技性科学的发展和人类生活的深度科技化，伊德注意到人的认识活动总是在技术调节下完成，人的对象化活动常常由技术参与构建。在此基础上，伊德继承了意向性的概

---

① See David Carr., " Husserl's Problematic Concept of the Life-World ", *American Philosophical Quarterly*, Vol.7, No.4, 1970.

念，但将其改造为技术意向性。其次，伊德技术意向性概念的提出所利用的分析方法完全是现象学的，即通过悬搁来排除先入为主的偏见，在此基础上通过变更理论的办法来寻找技术活动不变的基本结构。最后，他直接继承了胡塞尔生活世界的观念，着力考察技术如何帮助人构造新的生活经验，建立何种生活世界。这三点在后文中将进行详细介绍。

（三）梅洛·庞蒂的知觉研究

胡塞尔之后，梅洛·庞蒂的知觉现象学中有关知觉经验的分析也对伊德造成了很大的影响和启发。梅洛·庞蒂虽然继承了胡塞尔的现象学研究思路，但他并不探讨意识活动如何构成意识对象，或先验自我如何可能等问题，他更关注身体的知觉内涵。他认为虽然意识总是关于某物的意识，但意识自身并不具有构造性。现象学还原关注的不应该仅是先验意识，也应考察意识与世界的内在关联。他认为人是通过"知觉"和世界原初地关联着。"知觉"不是传统认识论意义上的知觉，而是前意识、前反思、前个人层次上的匿名活动。在这种活动中，身体的存在具有重要意义。[①]梅洛·庞蒂把身体作为知觉的主体，身体不是物质性的存在，也不能还原为心灵或意识，它是现象身体，其实质是物性的身体与心灵的统一体，是一种身体—主体的存在。这种身体的活动给予了世界意义。人的存在和世界是不能分离的，周围的世界只有对身体来说才具有意义，因此，解释身体就不能脱离身体处于其中的周围世界。可见，在梅洛·庞蒂看来，身体的存在不是一种刺激——反应的过程，而是在世存在的活动。梅洛·庞蒂想要从知觉层面去建立身体现象学，从而去理解意识和自然的这种身体性的关联。这一视角为伊德所继承。伊德特别注重认识的身体性特征，在考察

---

① 参见关群德：《梅洛-庞蒂的身体概念》，载《世界哲学》2010年第1期。

具体技术经验时，伊德常以具身知觉经验为基础，从技术调节的层面去理解人和世界的关系。

三、伊德对现象学的改造

（一）伊德对现象学方法的继承

伊德的后现象学试图将现象学和实用主义有关经验的讨论结合起来。后现象学引入了实用主义关于"实践"的考察。实用主义和现象学都关注经验，但二者有本质不同。实用主义更关注实践，认为意识只是一个抽象的概念，实际经验则嵌入了物理和文化社会世界中。实用主义以一种有机体—环境结合的观点来看待经验，由此试图填平人与世界二分的认识论鸿沟。伊德借此资源来突破经典现象学的主体主义倾向。此外，后现象学吸收和改造了传统现象学。总的来说，后现象学对经验进行了更严格的分析，运用了现象学还原和变更方法，认识到了具身的作用，并把经验放在不同时代和区域的生活世界中进行分析。①采用现象学的分析方法可以丰富实用主义对于经验的分析。具体来说，伊德对现象学的吸收和改造体现在三个方面。

首先，伊德延续了现象学对于经验的分析办法，但他不对意识的基本结构进行分析，而是考察特定知觉经验的产生。他最早着重分析视觉经验，这是他分析相关视觉技术的基础。伊德试图以视觉经验为典型来诠释他的知觉现象学。与胡塞尔的主客分析不同，伊德强调了物所处的背景和

---

① 参见[美]唐·伊德：《让事物"说话"：后现象学与技术科学》，韩连庆译，北京大学出版社2008年版。

场域。他认为："不存在依靠其自身就存在于视觉领域的物，所有物的出现都和背景相关，并且和背景严格相关。"①伊德指出，"我"的视觉经验有三个特征。第一是存在一个焦点对象，呈现在视觉中心；第二是焦点物总是处于视域背景之中；第三是视域具有边界，不是散漫的。②正是这种视觉经验的结构决定和限制了"我"能够看到什么以及按照何种特定的方式去看。视觉活动不是纯粹的意识活动，而是"我"和世界的一种交往生成性活动。

其次，伊德继承了胡塞尔的现象学"还原"和"变更"的方法。伊德赞同胡塞尔在考察经验时应摈除有关世界的自然观念，将这些观念悬搁起来，以便认真地观察现象，并对其进行尽可能充分的描述。在描述现象的同时，设想出尽可能多的变体，以便充分理解各种可能现象。在对所有的变体进行描述之后，进一步挖掘出不同变体共有的特征和结构。简言之，变更方法就是要从不同的变体中分析出不变的结构，伊德后来对技术的中介作用的考察也是借助于这种方法来进行分析的。伊德同样以视觉经验为例来说明变更方法究竟如何操作，以图1为例。

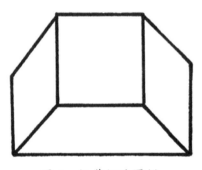

图 1　视觉经验图例

---

① See Ihde D., *Experimental Phenomenology: Multistabilities*, Albany: Suny Press, 2012, p.37.

② See Ihde D., *Experimental Phenomenology: Multistabilities*, Albany: Suny Press, 2012, p.39.

有人可能将此图认作走道门廊，或者是一个电影院场景，中间是幕布，下方是观众席。这张图也可能刻画的是一个玛雅金字塔。显然，不同的人可能对此图产生不同的变体联想。这些变体都是涉身性的。如果采取平视，即自己身体走向前方，则图像显现为门厅。若采取俯视，将身体应用在垫高的电影院后排，图像呈现为电影院。若采取鸟瞰姿态，即将身体置于上方，图像则显现为玛雅金字塔。一个颇具科学幻想的孩子甚至能将其看成一个无头的机器人，手拄两个拐杖，站在地平线上。对不同的视觉图像进行变更考察，应用不同的体姿，可以得到不同的变体。通过这一考察，伊德得出了一些现象学考察的基本特征。最开始现象往往只出现一种或两种变更，多重变更被认为是不合时宜的。但是，一旦对这一现象进行更深入的考察，就会出现更多可能的变更，逐渐这些变体变得平常，不再需要专门提示，具体经验到各种变体的顺序也越来越任意。比方说我一开始可能"看不到"玛雅金字塔和无头机器人，但是一旦通过提示经验，就很容易在变体中切换。另外，在关于我们如何看所看之物上，感知的方式发生了根本性的变化。一般的观察者是在共同信念下观察事物的，而现象学的观察恰恰是对这些现象进行探究，因此具有反身性特征。[①]伊德之后将对视觉现象的考察办法运用到了对技术的分析中。

（二）伊德对现象学的概念的扬弃

胡塞尔没有专门进行实践研究，他关注更多的仍然是认识论问题，但其生活世界的概念被伊德继承了。胡塞尔对于生活世界的讨论是为了回应欧洲科学和哲学的危机。胡塞尔认为科学的抽象化和观念化是建构的，其背后应有一个物质习惯的基础，即直接经验的生活世界。胡塞尔旨在试图

① See Ihde D., *Experimental Phenomenology: Multistabilities*, Albany: Suny Press, 2012, pp.73-75.

厘清本质性的科学从物质化或具体的情境中是如何起源的。这些本质性的科学能够一定程度上脱离物质性条件，变得观念化或自主化。因此科学可以理解为一种特定的文明产物。生活世界在此指的是前科学的日常生活和文明意义上的文化世界。胡塞尔感兴趣的是几何学思想在实践活动中的起源，研究的是科学成为可能的前提，所以更关注直接经验的生活世界。

伊德特别强调实践和生活世界的关系。他延续了海德格尔和实用主义对于实践的考察，并将注意力集中到技术对知觉经验的调节上。伊德不再去考察技术的先验特征，他开始利用现象学办法去研究具体技术现象，关注技术作为一种生活世界的物质文化的诠释学意义，即我们如何在技术调节下生存的问题。伊德把技术作为文化和生活世界的一部分，很强调技术所处的环境。他不认为人和世界是截然二分的，世界不能理解为对象化的实在，而是认为"人类经验者与环境和世界在本体论上是相关联的，并在这种相关性中二者互相转化"①。在此视野下，伊德十分关注作为一种是生存性而非对象化活动的技术实践活动，即刻画我们生活世界的本来样貌。他着力研究现实文化世界中的知觉发生。在胡塞尔的文化生活世界概念的基础之上，他将知觉分为微观知觉和宏观知觉。前者是通常所说的感觉知觉，即通过感官直接获得的感觉。后者是文化的和诠释学的知觉，是文化背景对人视野的规训。特定文化背景的人具有不同的宏观知觉，比方说中国人不太用石头做居室，更偏爱木头，西方人则不这样看。这两种知觉都属于生活世界，呈现图形与背景的关系。微观知觉是在宏观知觉情境中发生的，但所有这些情境只有在微观知觉可能性的范围内才能形成，以其为前提。宏观知觉的变化和微观知觉的变化密不可分。

可见，伊德对后现象学的继承更多是方法上的，他并没有严格继承经

---

① [美]唐·伊德：《让事物"说话"：后现象学与技术科学》，韩连庆译，北京大学出版社2008年版，第29页。

典现象学的问题域，不再考察意识的先验结构问题，而是将现象学方法用在描述技术调节下的生活世界。一个经典的现象学家可能认为伊德的著作和现象学没有任何关系。伊德明确谈到现象学不是一个问题域，不能由胡塞尔来规定现象学研究什么具体问题。现象学是一种考察问题的方法，坚持这种方法就可以说是在"做"现象学——这也符合胡塞尔的本意。胡塞尔认为，现象学"所关涉的不可能是某些可以从定义上一劳永逸地确定下来的术语，而只是一些用来进行描述和对比的手段，它们的意义必须根据具体的人分析状况，而从每一个个别情况中得到原初的、新的吸取"[1]。

四、后现象学技术哲学

胡塞尔将意识结构刻画为我（ego）—我思（cogito）—我思之物（cogitatum）。海德格尔则将人的在世刻画为在（being）—在之中（in the）—世界（world）。伊德不愿将生活世界还原为纯粹的认识世界和宏大叙事的存在论世界，他想考察人是如何通过技术处于世界之中的。在此基础上，伊德提出了人（human）—技术（technology）—世界（world）的意向关系。这是技术后现象学研究的基本框架，也是提出技术意向性的出发点。伊德认为在现代世界中人不仅仅是简单地通过身体感知世界，技术早已充斥了整个生活世界，所以要理解人生，就必须纳入对技术的讨论。"人—技术—世界"的分析框架认为技术既不是作为一个主体，也不是作为认识对象出现在意向关系中，而是作为影响和构成认识活动的一部分，

---

① 倪梁康：《胡塞尔现象学概念通释》（修订版），生活·读书·新知三联书店2007年版，第3页。

同人的主体性高度互构，在这种关系中来完成世界经验的。

例如一个人要写作。不能仅仅把写作活动理解为将头脑中预先完成的思想复刻出来。实际情况是当一个人要写作时，头脑中仅仅有模糊的印象和主题大纲，他总是边想边写，边写边想。在此过程中，用电脑和用钢笔可能写出不尽相同的作品。电脑打字允许作者随时上网查询相关讯息，有用的可以随时调用，无用的可能导致写作思维的中断。电脑打字也允许随时修改文字，这可能使得作者写作不必处处深思熟虑，也不用关注字本身的完成，无所谓好字和坏字，将传统书写的书法感受都剥离掉。文字的书法美感对写作的启发和引导作用也因此被消除了。

同是此例，亦能想象出其他变体。如果要用刻刀在米粒上进行书法创作，这就需要依托显微镜和特殊的雕刻工具。这时我们就关注到了显微镜下米粒上的肉眼看不到的结构，并进一步思索在此结构上用精致的刀具进行写作。这一书写旁人肉眼是看不清的，也只有借助特殊工具才能欣赏。书写工具在此显然建构了我们的知觉。工具的限制在此必然一定程度上规定了我们要写什么。一粒米上写一首五言绝句是可以的，但是想抄一本《罗摩衍那》是困难的。因此，将书写看成人脑中完成的思想的复刻实际上不能准确反映书写现象。书写工具作为一种技术实际上参与了写作中，它不是一个简单的中立工具，它在一定程度上构造了写作行为。由此，伊德就通过这种变更方法，逐步分析出了人—技术—世界的四种关系，分别为具身关系、诠释关系、它异关系和背景关系。

（一）具身关系

具身关系是指借助实践把技术身体化。[①]具身关系指的是通过技术经

---

① 参见[美]唐·伊德：《技术与生活世界》，韩连庆译，北京大学出版社2012年版，第77页。

验到某物，是身体经验的延伸和知觉能力的扩展。人借助技术以一种特殊的方式把它融入人的经验中，人的感知是通过技术来完成的，技术转化了人的知觉。具身技术包括各种常见的工具，例如望远镜、眼镜、手杖与助听器等。望远镜和眼镜作为人视觉器官的延伸，助听器和手杖作为听觉器官和四肢的延生都是具身技术。伊德认为具身关系的形成需要两个条件。一是技术处于人与世界的中介位置上，例如望远镜处于人与世界的中介位置，处在了看的意向结构之中，我们是通过望远镜来进行"看"。"中介"在此指的不是在牛顿空间意义上的居中，并非人在一边世界在另一边，要通过技术才能摆渡到对岸。现象学认为牛顿时空观本身是实践世界进行现代数理化构造的抽象产物，是对丰富的实践生活进行不断还原的结果。因此，中介性在生存意义上才能讲得通，它指的无非是一种知觉的外在凭借，借助它可以获得对世界的经验。具身关系还要求技术必须具有透明性，在此，透明性指的是人的知觉能力与技术功能是同构的，可以看作人的器官的延伸，例如眼镜就是眼睛的延伸。具身关系中的意向结构可以表述为（人—技术）—世界。

在具身关系中，当人们技熟于心时，技术就会抽身而去，此时技术更加透明性，完全融入身体的知觉和经验当中。只有在技术故障时，人们才意识到它的存在，技术才被对象化，呈现在意识之中。具身技术扩展了我们对世界的感知，使人们获得了新领域的信息和知识。比如说用显微镜观察米粒去篆刻，米粒上的结构才能被观察到，这一经验单纯用身体是无法直接获得的。但同时，技术也缩小了某些方面的感知。因为使用了显微镜，米粒的微观细节呈现在视觉的中心，其边缘环境就从知觉中消失了，不能再被视觉所察觉。放大/缩小结构也时刻呈现在具身关系中。

（二）诠释关系

除了具身关系，诠释关系和它异关系也是两种重要的人技关系。伊德早期并没有区分诠释关系和它异关系，他认为"在诠释关系中，技术变成了他者"[1]。伊德后来又把诠释关系进行了更加细致的区分，专门整理出了它异关系。所谓诠释关系，指的就是通过技术来对知觉经验进行解释。所谓诠释，从广义来讲就是解释，从更特殊的意义来讲就是文本解释。[2]例如阅读航海图。航海图以文本和图像的形式呈现在人的视觉中，人通过阅读的方式从航海图获得所需要的信息。伊德认为阅读是一种特别的知觉活动和实践，它以非常特殊的方式牵扯到我们的身体。[3]航海图之所以能够称为技术工具，是因为它处于人和海洋的中介位置上。当人在阅读航海图时，图就位于人的眼睛下方，与人的身体发生了关联，人以一种俯瞰的姿态获得了必要信息。航海图作为一种技术品，通过诠释构成了我们的地理经验。再例如体温计。当我们无法单凭触觉来完成判断温度的时候，阅读体温计即可实现知觉的拓展，温度通过技术装置被诠释出来。

可见，所谓诠释关系就是在技术情境中进行的一种特殊的解释活动，这种模式类似于阅读。诠释关系形成的两个条件也需要技术处于中介位置，且具有透明性。但是诠释关系中的透明性不是具身关系中人的身体和技术之间的同构性，即技术作为人的器官的延伸，而是技术与世界之间的同构性。如果水银不会随着温度变化而发生膨胀，那么温度计就不可能作

---

[1] See Ihde D., *Technics and Praxis: A Philosophy of Technology*, New York: Springer Science & Business Media, 2012, p.12.

[2] 参见[美]唐·伊德：《技术与生活世界》，韩连庆译，北京大学出版社2012年版，第86页。

[3] 参见[美]唐·伊德：《技术与生活世界》，韩连庆译，北京大学出版社2012年版，第86页。

为一种诠释工具。

诠释关系有两个特征。一是技术是优先的感知对象，世界成为技术背后的东西。在诠释关系中，人与技术一道构成了意向关系，尽管世界才是认识的最终指向，但是认识活动的直接指向是技术。例如温度计，虽然我们最终是为了解温度，但最直接认识对象还是温度计。伊德早期没有区分诠释关系和它异关系的原因在于，他认为在诠释关系中技术已经是完全的他者。后来他认识到诠释技术还缺少完全的对象性和他者性，技术还是使事物呈现的手段。[①]也就是说，技术本身还没有被当作一种完全的对象与人进行交互。我们在使用诠释技术时，技术不会抽身而去，而是一直占据着对象的位置。因此，诠释关系的意向结构是人—（技术—世界）。诠释技术的第二个特征是感知行为和结果都通过技术发生了转化。首先，无论经验对象具有什么特征，经验行为都变成了单纯的阅读行为。其次，经验的结果不再是世界中的对象的各种特征，而是转化为了文本意义上清楚的知觉，这种知觉可以还原为直接可读的文本。[②]在诠释关系中，视觉知觉被显著放大了。人们主要通过阅读来和世界相连，所有内容都变成了文本。相较之下，其他知觉活动就被显著缩小了。

（三）它异关系

人与技术的第三种关系是它异关系。伊德认为"它异关系是与技术的关系或有关技术的关系"[③]。他用陀螺来说明它异关系。陀螺在没有旋

---

① 参见[美]唐·伊德：《技术与生活世界》，韩连庆译，北京大学出版社2012年版，第99页。

② 参见[美]唐·伊德：《技术与生活世界》，韩连庆译，北京大学出版社2012年版，第92-94页。

③ [美]唐·伊德：《技术与生活世界》，韩连庆译，北京大学出版社2012年版，第102页。

转时是一个头重脚轻的玩具，但当我们用细绳驱动它时，它会旋转起来，不再头重脚轻，而能保持平衡。旋转的陀螺在这里具有了"准生机"，就像有了生命力一样，这时人可以进入到与陀螺对抗游戏中，陀螺变成了他者。再例如电子计算机。从最简单的功能来说，计算机可以有技术的"知觉"，可以对情境的声音进行录制和反馈。从更复杂的功能来说，编程可以实现计算机的诸多拟人化功能，例如计算和文字处理等等。它虽然不具备身体的肉身性，但是却在语言尤其是逻辑的行为限度内，展示了一种准他者性。[①]另外，在人与计算机的交互过程中，计算机也常体现出这种准他者性特征。因此，人将技术当作他者相关联，技术作为有焦点的实体出现。这样一种关系就是它异关系。它异关系中的意向结构是人—技术—（世界）。与前两种关系不同，技术在它异关系中不一定处于中介的位置，技术和世界之间也不具有透明性。

它异关系具有两个特征。第一，"它异关系中可以具有、但不必然具有借助技术指向外部世界的关系（尽管实际上任何技术的有用性都需要借助这种指向性）。在这种情况中，世界成为情境和背景，技术却作为我随时随地打交道的准他者出现"[②]。虽然在诠释关系中技术也是人直接打交道的对象，但它最终一定是指向世界。但它异技术不一定指向世界，却指向自身。例如ATM机、竞技游戏等。第二，它异技术也必然转化了人的经验和经验的对象，这其中也有放大／缩小结构。在前两种关系中，技术处于中介位置，技术更多作为一种认识工具去调节人的感知行为和经验对象。在它异关系中，技术的重点不在于调节知觉，而是自身

---

① 参见[美]唐·伊德：《技术与生活世界》，韩连庆译，北京大学出版社2012年版，第102–112页。

② [美]唐·伊德：《技术与生活世界》，韩连庆译，北京大学出版社2012年版，第112页。

被对象化了。它异关系在现代社会中广为流行，尤其是自动驾驶技术体现出了很强的它异关系，由此带来的问题也更为突出，第六章将做详细讨论。

具身关系、诠释关系和它异关系就是人—技术—世界关系的三种变更。伊德认为这三种关系处于一个连续系统中，两端是具身关系和它异关系，诠释关系位于中间。在这三种关系中，技术都立于前景，是作为焦点出现的。在具身关系中，技术接近于准我；在诠释关系中，技术将世界转译为知觉的可感的对象；在它异关系中，技术作为准他者与人发生关系。尽管这三种技术存在明显的差异，但是这三者并没有明确的区分界限，诠释关系也体现着具身关系的知觉转化特征，也具有一定的准他者性，反之亦然。在多数的技术现象中，这些关系并不单独出现，同一技术通常体现出多关系。

（四）背景关系

除了以上三种关系之外，伊德提出了第四种人技关系——背景关系。背景关系讨论的不是作为前景焦点物出现的技术，而是藏在背景中的技术。背景关系在日常生活中极其常见。在传统社会中，科技常常以巨大的机器方式呈现，由复杂的动力机和传动系统构成。随着信息社会的不断深入发展，当下技术常常以装置而非机器的方式显现自身。通常装置体积很小，靠电力驱动，往往悄无声息地在背景中发挥特定的功能。尽管日常生活的各个方面时常受到这一类型技术的调节和影响，但人们很少注意到它们的工作。一个好的装置，恰恰就是那个能够完全隐没在背景中的技术。

在背景关系中，技术与世界融为一体，其意向结构是人—（技术，世界）。处于背景关系中的技术有两个特征。第一，"作为背景的技术没有显示出透明性或不透明性"①。与前面三种技术不同，背景技术不指向世界，与世界不存在同构性和被表征的关系，人不用通过技术认识世界，技术本身成了环境的组成部分。第二，背景技术处在背景的位置上，这种位置是不在场的显现，它是当下技术的部分或整体的场域。②在这些技术中，背景起到场域的作用，它不在焦点的位置，但却调节人的生活情景。③居住在四季如春的房间里，暖气系统弱化了我们对季节的感受。但与此同时，摆脱臃肿的棉衣使得人们可以进行更复杂的运动，对身体有更强的控制感，因此增强了我们的体感。不同的技术以不同的方式构造世界，背景技术也时刻调节人的知觉经验。恰恰因为背景技术不在场显现，它们可能对经验的方式产生更微妙的间接的影响。④

从伊德的这四种人技关系的讨论中，我们可以进一步分析其技术意向性概念。技术意向性，简言之就是技术的一种指向能力。这种指向能力调节人与其的互动，对人的主体活动进行建构，同人一道共同完成生活世界。伊德率先提出了技术意向性概念，并对此进行了详细的论证。

---

① [美]唐·伊德：《技术与生活世界》，韩连庆译，北京大学出版社2012年版，第114页。

② 参见[美]唐·伊德：《技术与生活世界》，韩连庆译，北京大学出版社2012年版，第116页。

③ 参见[美]唐·伊德：《技术与生活世界》，韩连庆译，北京大学出版社2012年版，第116页。

④ 参见[美]唐·伊德：《技术与生活世界》，韩连庆译，北京大学出版社2012年版，第117页。

五、伊德的技术意向性概念

如前文所述，意向性在胡塞尔那里指的是认识结构的普遍特征，即任何意识都是关于某物的认识，认识本身是一种对象化的能动活动，每一个意识都包含意向行为、意向内容和意向对象。在海德格尔那里，意向性被伊德理解为此在的在世结构。伊德将自己的重点转移到研究技术对人的知觉调节上来，提出技术意向性是人—技术—世界的四种关系逻辑前提，他以具体情境中的技术实践为抓手，分析技术意向性及人技关系。总的来说，技术意向性有三层含义，分别是技术自身的定向性、技术使用中的导向性和技术的中介意向性。[①]

（一）技术自身的定向性

伊德认为有些技术实际上成了知觉的延伸，没有技术就没有某种知觉，因此技术自身具有意向性。这种意向指的就是技术总是为了实现什么目的的技术，技术总是在工具性中被理解。根据人—技术—世界意向关系结构的差异，工具本身的意向性有两种更具体的含义。第一种含义是指工具能够意向到人的身体无法直接产生经验的对象，拓展了我们知觉。第二种含义是指技术作为准他者承担意向功能，技术的意向性在此超出了人对它的意向性使用。技术自己成了一个对象，直接对人的行为构成了引导。

---

① 参见韩连庆：《技术意向性的含义与功能》，载《哲学研究》2012年第10期。

例如在细胞生物学研究中，要观察一个极其小的微管蛋白，用光学显微镜是无法做到的。这需要用到激光共聚焦显微镜。一般的实验流程需要将微管蛋白和荧光蛋白结合起来，这样一来，在激光共聚焦显微镜下就可以观测到微管蛋白的荧光效应，再经过计算机的软件进行处理建模，最终在屏幕上输出微管蛋白的切面图。在这一活动中，我们看到的微管蛋白图像实际上并不是肉眼能看到的图像，它本身是各种实验技术和激光显微镜建构后的图像。恰恰是因为技术的建构性作用，使得我们获得了有关植物微管的新鲜知识。在此过程中，技术意向性表现在它突出的建构特征，提供给我们人眼本不能看到的视觉成果。这一成果并不是人眼视觉的完全复刻，而是荧光特性和激光共聚焦显微镜软硬件复杂交互所生成的特殊图像。就像偏振镜片能够过滤到湖面的亮光，进而建构出清澈的湖面一样，激光共聚焦显微镜能够突出植物微管在细胞中的分布情况。

工具意向性也体现在诠释关系和它异关系中，其意向性根源于工具的准他者性。例如使用伊德常用的温度计的例子说明这一点。人的知觉无法感知温度计刻度化的温度，只能感受基本的冷暖。因此，温度计被当成了一个准他者拓展了我们的知觉。在它异关系中，技术的他者性更好理解。技术的他者性是一种准他者性，一般来说它比单纯的对象性要强得多，但相较于动物和人的他者性要弱。工具并非按照一个人格化的他者那样意向世界，绝不是像人一样的对象。具有准他者性的工具以不同于人的方式意向世界。一台录音机可以录下不少听觉内容。听回放的时候，我们将录音机收录的内容悉数倾听。如果录一场讲座，演讲者的声音、观众的嘈杂声、桌椅声，乃至于风声都可能进入收音范围。可见，机器的"听觉"是无取舍的。与之相对，人的听觉是焦点化的。因此听录音从来不是被动地听，而是主动地将听觉信息进行再处理，使之再焦点化，这是一个能动活动。当然，我们也可以将自己的听觉意向活动更加细致地技术化，通过指向性麦克风来消除环境噪声，录制更接近人听觉的声音。在此过程中，技术自身有定向性，面对同一对象，技术呈现的效果与人的知觉结果有明显的差异。但技术整理后的信息最终仍需反馈给人，由人进行整理。

（二）技术使用中的导向性

技术意向性的第二层含义指的是技术在使用过程中会形成对人产生导向的作用。所谓导向性是指由技术的功能特点、物理机械结构所造成的一种系统性倾向。技术意向性在此不再是从功能上进行理解，不再是技术"为了……"。此时需要注意考察技术的物理机械特点对人的行为的影响。伊德指出技术为人的行动提供了一个框架，形成了意向性和倾向，人对其使用的模式因此受到规训。

再次回到书写的例子。伊德认为书写工具对书写和思考习惯形成了巨大的影响。当使用老式的蘸水笔书写时，因为写错无法涂改，写作速度放缓。在此，思维的速度快于写作的速度，可以想好再写。在此过程中，作者可以反复琢磨，拿捏语言表达和书写风格，而且还会关注拼写、字迹、章法等，其创作的文学性特征就得到凸显。与之相对，当我们用电脑办公软件写文章时，打字速度显然比手写要快，为了适应快速打字，思维越来越倾向于口语化。同时，电脑办公软件可以自动纠错，就没必要特别关注拼写和语法错误。另外，由于复制、粘贴以及各种引文软件的便捷性，电脑办公软件写作引文也变得很轻松。这必然会造成一种和手写大相径庭的写作风格。伊德认为，虽然技术并未直接决定写作的风格和方法，但是它确实"倾向于"一些可能性，这决定了哪部分的写作经验被增强了，哪部分的写作经验变得困难了。[1]

---

[1] See Ihde D., *Technics and Praxis: A Philosophy of Technology*, New York: Springer Science & Business Media, 2012, pp.42-43.

相较于书写，打电话也是一个极具说服力的例子。[①]电话交流时，根本看不到彼此的状态，关注的焦点贫乏地集中于言谈本身。电话交流可能倾向于较为随意的接通，视频电话则要特别选择时间。电话沟通倾向于传达信息，不太需要通过沟通形成共识，而视频沟通则倾向于凝聚共识，增进理解，在此基础上再进行信息传达。相较而言，微信文字沟通则更加随机，也不要求对方进行当下回应。这些通信技术的物理与功能特征在一定程度上对人的沟通行动进行塑造，其内在的导向性在一定程度上决定了我们怎么使用它。可见，技术的意向性部分地决定了人的行为方式。需要注意的是，技术仅仅能部分地影响人的行为，并不是完全决定人的行为。技术意向性对人的行动主要是调节性而非强制性的。人对技术的使用总是受到社会情境的影响，人也可以通过主动的行为矫正来决定如何操作技术。两个熟人之间的电话交流完全可能凝聚共识，加强联系。而两个相对陌生的人之间进行视频通话，可能不仅不利于共识的形成，反而会造成一种紧张感，还不如先通过微信进行沟通。在伊德的后现象学语境中，技术意向性可以调节人的知觉，但与此同时，它也受到宏观知觉即社会文化情景等要素的影响。技术意向性总是在这一背景下发挥作用的。

（三）技术的中介意向性

最后，技术意向性的第三层含义指的是技术的中介意向性。[②]这里强调的是技术在揭示世界的时候起到了中间调节的作用。中介不是指在空间意义上技术处于人和世界之间的位置，人—技术—世界在本体意义上是一

---

① See Ihde D., *Technics and praxis: A philosophy of technology*, New York: Springer Science & Business Media, 2012, pp.9-10.

② 韩连庆在《技术意向性的含义与功能》一文中使用了"居间意向性"一词来表达中介意向性的概念。但"居间"一词容易造成一种不必要的物理空间联想，较难帮助克服人与物的形而上学鸿沟，这里使用"中介"一词替代。

体的。技术的中介意向性的含义实际上就是技术对人和世界相互关系构成的影响。技术的中介意向性直接体现在人与技术、世界的四种关系中，在这里技术的中介位置是在现象学关系的意义上说的，而不是主体和客体的含义上说的。伊德强调的人与技术的关系不是存在者层次上的言说，而是存在论层次上的言说。也就是说，不是人面对技术，人和技术本来就是一回事，他们在知觉这一抽象层次上彼此构成。

　　例如我们使用相机进行摄影活动。广角镜头使得人和环境都清晰地呈现出来，视野更加开阔，我们更加容易注意到在环境中的人。与此同时，人的面部出现了畸化，鼻子被突出，下巴被收紧，显得很不协调。而当我们使用人像镜头时，背景被虚化，人物凸显出来，这时候看到的人的五官更加接近肉眼看到的情况。而我们用微距镜头时，人的皮肤纹理被呈现出来，五官无法辨认，而环境则完全隐没了。当我们结合走动和焦段变化时，希区柯克镜头现象使得前景不变，背景则出现了不断的变化。这时候背景的视野变化将不动的前景烘托出来，使得前景不仅在视野层次上被突出，在动静中再次被强调，因此被双重焦点化。镜头的更迭不断地调节人的时空体验，我们不断地调试身体与感官来适应这种知觉变化。同时，人根据自己的欲求也不断地调整技术应用，例如交错使用镜头和肉眼对所摄对象进行权衡。这一过程中，人和技术彼此构成，互相塑造。

　　可见，技术的中介意向性指的是在使用技术时，技术同时塑造了人的知觉和行为。人的意向行为和意向内容及其之间的关系是在互相构成的情景中形成的，而技术正是处于这一生成关系中对人的生活经验进行调节。实际上，技术意向性的含义本质上就是指技术的中介意向性，技术的定向性和技术使用中的导向性是技术的中介意向性的亚型。每个技术的使用严格讲都是人与物的互构过程，调节总是双向的。只是针对不同技术的不同使用，技术意向性的侧重有所不同。

六、结论

本章主要介绍了伊德的技术意向性概念的来源及其内涵。伊德的后现象学技术哲学思想沿用了传统现象学的分析方法，结合了实用主义对经验的概念，专门研究了具体情境中的种种分殊的技术实践。伊德以人—技术—世界为基本框架，说明了在技术使用中形成的人的知觉行为和世界呈现的关系和特征。伊德以技术意向性说明了技术对知觉的中介调节作用。技术塑造了人的行为和所揭示的世界，并参与构成了人—技术—世界的整体。后现象学技术哲学扩展了现象学对于技术的研究，巩固了技术经验转向的理论成果，也为技术哲学的伦理转向提供了基础。在下一章中，笔者将具体讨论荷兰学派代表人物维贝克的技术哲学思想。维贝克是伊德在欧洲大陆的继承者，他延续后现象学的讨论，将注意力聚焦在了道德意向性的分析，专门考察道德是如何通过技术物进行调节的。这一思路近来受到热烈关注，在国内外都产生了较大影响。作为一个前沿热点，国内外学者的研究几乎同步进行，值得特别介绍和分析。

第四章

荷兰学派后现象学路径技术意向性反思

笔者在前一章，讨论了伊德后现象学的技术意向性概念。这一概念旨在描述技术对人的知觉经验的调节，进而考察生活世界是如何通过人技互构完成的。伊德的工作持续引发技术哲学界热烈的关注与兴趣。近些年来，荷兰有一群学者试图发展后现象学理论，将其用来专门考察道德意向性问题，即技术是如何调节我们的道德行为的。这一工作集中反映在其道德物化理论中。所谓道德物化，指的就是人的道德意向行为实际上是受到技术人工物的调节的。如果在设计阶段将特定的价值嵌入技术品，通过技术的发端流行，我们就能够调节人的道德决策，使得人们做更加符合道德期许的行为。比方说，在学校路口安装"减速慢行，前方学校"的标示牌常常起不到引导司机减速的效果。道德训诫并不总能改变人的道德行为。但是通过安装减速带，则能一劳永逸地解决问题，效果显著。道德物化专门考察技术物如何调节人的道德能动性，其要旨在于指出人的道德行动性不是孤立于大脑中的心灵活动，而是分布式的。人及其技术物质情境在复杂的交互活动中一道构成道德意向行为。这正是荷兰学派中后现象学路径的核心要旨。近年来荷兰学派技术哲学受到普遍关注，国内学界对此进行了热烈讨论。在本章中，笔者将系统地介绍荷兰学派道德物化观，并在此基础上反思其技术的道德意向性讨论。

一、道德物化的背景

荷兰有一群很优秀的学者在做技术哲学研究工作，但细看会发现该学派并无统一研究纲领。拜克尔（Wiebe Bijker）从社会建构论角度考察技术如何受到社会的塑造。[1]维贝克的研究方法是后现象学外加一些技术权力论。提出经验转向的克洛斯基本上是采用分析的办法做人工物本体论研究。[2]乌得勒支大学伦理中心主任杜威尔（Marcus Duwell）则从康德和格沃斯传统来讨论技术伦理问题。[3]克洛斯、维贝克以及安乐尼·梅耶斯（Antonie Meijers）联合编了一些人工物道德属性的书。[4]方法虽有不同，但他们基本都认同道德物化的诉求。如果荷兰技术哲学有个学派的话，道德物化是一个共同的标志。

从字面来看，道德物化应该叫将技术道德化（moralizing technology）。凡俗技术观认为技术是中立工具，可用于各种用途。美国步枪协会的口号"不是枪杀人，是人杀人"可谓是技术中立论的凝练表达。这个思路宰制我们很多年，没出现多大问题。但随着当代技术的繁荣，尤其是基因编辑技术、人工智能及机器人技术的高度发展，人已经完全同机器编织在一起，人的经验、理性，乃至于肉体的各层面都通过技术中介存在。新技术迅猛发展挑战了技术中立论，人们遇到的道德困境越来越多，而技术中立论的解释力愈显不足。拉图尔指出物理学界通过数学计算发现宇宙平衡态需要

---

[1] See Pinch T. J. & Bijker W. E., " The Social Construction of Facts and Artefacts: Or How the Sociology of Science and the Sociology of Technology Might Benefit Each Other ", *Social Studies of Science*, 14(3), 1984; Bijker W. E., *Of Bicycles, Dakelites and Bulbs: Toward a Theory of Sociotechnical Change*, Cambridge: MIT press, 1997.

[2] See Kroes P., *Technical Artefact: Creations of Mind and Matter: A Philosophy of Engineering Design*, New York, London: Springer, 2012.

[3] See Düwell M., *Bioethics, Methods, Theories, Domains*, London and New York: Routledge, 2013.

[4] See Kroes P., A. W. M. Meijers, *The Empirical Turn in the Philosophy of Technology*, Bingley: Emerald Group Publishing Limited, 2001; Kroes P., Verbeek P. P., *The Moral Status of Technical Artefacts*, London: Springer, 2014.

预设更多质量，但是这些物质目前没找到，故称暗物质①。同理，他认为如果要解决我们当下科技所带来的道德困境，缓解道德焦虑，我们需要找到道德／社会行为理论中丢失的一环。拉图尔的提问直接影响了荷兰学派的道德物化思想。

目前国内对道德物化的介绍不多，但影响很大。很多人都觉得这是一个可操作的思路，当实践策略解。其中引用最多的人物是维贝克，他常被誉为道德物化理论的开创者。维贝克的*What Things Do*②和*Moralizing Technolgy*③两本专著分别由宾州州立大学和芝加哥大学出版社出版，系统地比较了经验转向前后技术哲学的观点，并在此基础上提出了他的道德物化论。维贝克既登上了MIT设计封面，又是屯特大学哲学系主任。*Moralizing Technolgy*（《将技术道德化》）一书也经由闫宏秀教授等翻译，上海交通大学出版社出版。他的弟子洪靖（Hung Ching）现在台湾地区高雄大学任教，同时是一位才华横溢的专栏作家。维贝克的确是系统阐释道德物化理论的第一人，但是率先把道德物化作为一个词汇和理想提出来的是维贝克的老师汉森·阿赫特豪斯（Hans Achterhuis）。

---

① See Latour B., *Where Are the Missing Masses? The Sociology of a Few Mundane Artifacts, Shaping Technology/Building Society: Studies in Sociotechnical Change*, 1992, pp.225-228; Wiebe E., Bijker, L. J. (Eds.) *Shaping Technology/Building Society: Studies in Sociotechnical Change*, Cambridge: MIT Press, 1992, pp.151-180.

② See Verbeek P. P., *What Things Do: Philosophical Reflections on Technology, Agency, and Design*, University Park: Pennsylvania State University Press, 2010.

③ See Verbeek P. P., *Moralizing Technology: Understanding and Designing the Morality of Things*, Chicago: University of Chicago Press, 2011.

二、阿赫特豪斯的道德物化努力

阿赫特豪斯在荷兰社会有相当知名度，是众人皆知的公共知识分子。他的研究涉及政治哲学、社会哲学，同时也做技术哲学研究工作。1990年至2007年这十几年间，他一直担任屯特大学哲学系主任。阿赫特豪斯在中国相对知名的工作是他编撰的《美国技术哲学的经验转向》（*American Philosophy of Technology： The Empirical Turn*）一书。[①]技术哲学巨擘如芬伯格、伯格曼、德里弗斯、伊德等人都参与撰文。2011年，阿赫特豪斯荣获第一届荷兰哲学奖，被誉为荷兰最有影响力的哲学家和文化学者。但是由于他执着于荷兰文写作，国内知者寥寥。

阿赫特豪斯早在20世纪90年代就提出了"道德物化"一词，开始关注技术的道德意向性问题。[②]提出这一概念的背景源自荷兰国内可持续发展的大辩论。荷兰实为低地之国（the Netherlands，意为低洼之地），以工程立基，公众对环境危机很敏感。随着生活方式的转变，荷兰人乘飞机和火车旅行的人数逐年激增，交通污染严重，这引起了广泛的生态忧虑。有人甚至提议政府限制国民冬季去阿尔卑斯山滑雪，夏季去南欧海滩度假，进而掀起了一场环保大讨论。然而，荷兰交通组织调查一看，度假人数不减反增。这表明，人们总是在谈论道德，或者陷入道德形而上学的纠缠，

---

① See Crease R. P. and Achterhuis H., *American Philosophy of Technology： The Empirical Turn,* Bloomington： Indiana University Press, 2001.

② See Achterhuis H., "De moralisering van de apparaten", *Socialisme en democratie,* 52(1), 1995.

或者明知故犯。阿赫特豪斯的这个观察不光适用荷兰，实际上是一个普遍现象，这也是道德焦虑感的真正来源。道德焦虑的本质不是道德陌生，而是道德无力，抽象的道德原则没能给意志提供充分的动机能力。标示出道德焦虑，阿赫特豪斯转向拉图尔去寻找答案。拉图尔认为道德实践之所以捉襟见肘，就是因为丢失了一环。这是因为传统的人／物关系被一种笛卡尔观所笼罩，因之遮蔽了一些重要的内容。所谓丢失，正是原本有的，现在变成了盲点。沿袭拉图尔，阿赫特豪斯认为丢失的一环就是考察物的意向性问题，即技术物意向性对人的道德决策的影响。

（一）拉图尔与福柯

在笛卡尔的认识论里，物（身体 body）是被动的、祛魅的，意向性只归于主体（灵魂 mind）。[1]这样主客体就有本体论鸿沟，后来衍生确立了一种人／物的规范性关系，即人是施动者，有意向性，是道德主体，物是受动者，没有意向性，不是道德主体。这一逻辑在康德那里臻至精纯。康德认为道德的本质是意志自律，它的形而上学可能是自由。[2]人的意志很独特，它既不是神圣意志（divine will），也不是动物冲动（instinct），它是一种裁量和决定的官能。它能让人的本能符合道德要求的表达，并让意志出于对道德义务的尊重而行为。康德逻辑是，如果有道德，也就是有绝对普遍有效的对意志的规范性，那么我们就必须要预设人的自由。只有自由人能去恶存善，除恶扬善，人也因此是道德主体，要负道德责任。物没有这种自由性，不可能是道德主体。所以康德道德哲学其实就是考察人

---

① See Tomaselli S., " The Pirst Person: Descartes, Locke and Mind-body Dualism ", *History of Science,* 22(2), 1984.

② See M. Gregor and J. Timmermann, *Immanuel Kant: Groundwork of the Metaphysics of Morals: A German-English Edition,* Cambridge: Cambridge University Press, 2011, pp.57-62.

如何实践性地理解自我。

　　拉图尔认为凡俗的观点继承了这个人／物二元论，执着于主体问题。但是如果仔细观察科学活动，就会发现不是认识主体单独在认识，科学活动本身是主体和工具的交互完成和融汇创造。比方说电子显微镜，它看到的东西根本就是仪器构造出来的，可见光根本到不了那个细节。如果强调主体性作为变量，那么人和物有本体论鸿沟。但若从行动本身来看，人和物在行动意义上就能获得统一性，进而我们可以考察这种统一性所带来的新知识。拉图尔提出了一个新的视角，即从行为者（actant）而非能动者（actor／agent）角度来考察社会活动过程。[1]这是他所谓的行动者网络理论的精髓。可以说拉图尔让阿赫特豪斯开始克服主体中心主义的认识态度，将技术人工物也看成是行动的构成要素。而就物对人的塑造方面，他则更多地受到边沁和福柯的影响。

　　边沁在自己的乌托邦中设想了一个环形监控技术。[2]有了这个技术，人们就可以各司其职，相安无事。边沁最早从他的建筑工程师的兄弟那里学到这个设计。环形建筑中立一塔，塔内布一守卫，用以监视。实际上，一个守卫都不用，只要囚犯相信塔里有人监视即可。这样一来，该系统里各色人等均能和谐相处。边沁认为环形监控建筑是一个自主的控制机器，它能不依赖人的动机和操作而自动生产秩序，因之是实现他功利主义乌托邦的社会技术。实际上，边沁一生也未能建造一座环形监控建筑，其后这一提法几乎被遗忘。真正将环形监控发扬光大的是福柯。福柯早期研究了很多物的规范性问题，包括社会人工物，例如死刑、

---

① See Latour B., *Reassembling the social: An Introduction to Actor-Network-Theory,* Oxford: Oxford university press, 2005, pp.63-87.

② See Bentham J., *Panopticon Or the Inspection House,* Longdon: T. Payne Press, 1995, pp.95-222.

警车和宿舍等，其中最著名的就是环形监狱的自我规训理论。福柯在《规训与惩罚：监狱诞生史》一书中非常系统地讨论环形监狱作为一种社会控制技术的可能。[①]在福柯看来，现代社会的一个最大特点就是在一切社会组织制度中都渗透着环形监控原则。学校、公司、医院等统统按照此逻辑运转，力求以最少的投入来实现人的规训、生产并维持秩序。在阿赫特豪斯看来，福柯别具只眼地讨论了当代社会人所依存的物质条件，研究了这些物的布置和流行对人的主体性的塑造。人的灵魂，即他的整体的信念和态度，完全由渗透在一切人工物中的权力所塑造。可见，在福柯这里，技术物已经不再是被动的工具，它反过来调节人的能动性。

遗憾的是福柯未能进一步细致地讨论物的意向性对人的主体性的塑造问题，转而讨论人的生存问题，他的物论没能得到很好的发展。阿赫特豪斯认为福柯的考察最终被拉图尔继承。在《我们从未现代》（*We Have Never Been Modern*）一书中，拉图尔提出现代性确立的前提是道德／技术，人／物，文化／自然的区分。[②]这种区分在中世纪欧洲和非西方文化中都不存在。在这种区分之上建立起来的"唯主体论"实际上无力解释我们当下技术生存所带来的困境。在拉图尔看来，道德学者总是在主体意志中理解道德实践是徒劳的，道德也在物里。例如，早先有种设计使得司机不系安全带汽车就打不着火。如要描述这个道德活动，就不能光看人不看物，因为人的意志活动始终都在物的调节下完成。当然，这种情况在有些道德家看来是相当家长制的。司机并非出于安全自愿地系上安全带，技术完全剥夺了不系安全带的可能。出于保护个人自由之故，美国最高法

---

① See Foucault M., *Discipline and Punish: The Birth of the Prison*, New York: Knopf Doubleday Publishing Group, 2012, pp.203-250.

② See Latour B., *We Have Never Been Modern*, Cambridge: Harvard University Press, 2012, pp.13-46.

院甚至裁定禁止这一"独断"的设计。

今天汽车设计颇为折中，允许你不系安全带就打着火，但车会发出噪声提示你系上。这也是不得已而为之，因为传统办法的效果都很不好。无论是在高速路牌上提示，还是课以重罚，道德训诫效果都不尽如人意。按照阿赫特豪斯的说法，人不是缺乏公德心，而是缺乏实践公德心的物质条件，因为意向性也在物里，不单锁定在头脑里。正如巧妇难为无米之炊，道德心如何能在现实世界中无凝滞地实现出来恰是道德物化考察的核心。阿赫特豪斯将拉图尔的认识论思路做道德实践理解，认为人（道德主体）／物（中立工具）这种二分逻辑一旦独断，就没法促成人／物关系新解，进而无法为技术实践提供新论。

（二）斯金纳的行为主义

拉图尔、边沁和福柯的研究提示阿赫特豪斯，人的道德能动性是人和物一起建构起来的，特定物的布置能够影响人做或不做特定的行为，因此要特别考察物的道德意向调节能力。相较于这些哲学/社会学的影响，阿赫特豪斯还直接受到自然科学中的行为主义学派的重要提示。行为主义研究试图通过科学实验来揭示行为规训的可能和机制。其中为阿赫特豪斯援引最多的是斯金纳（B.F.Skinner），阿赫特豪斯认为他的工作为道德物化观提供了自然科学支撑。相较于人文学者的工作，自然科学研究通过可控可重复的实验更加清晰地解释主体活动是如何受到环境的调控的。斯金纳是行为学派的重要代表人物。在他看来，行为不仅仅是一个内在所谓自由的意志活动的外在实现，而且行为是一个规训的结果，是主体与外界刺激的一种复杂的交互活动。斯金纳认为没有必要过度强调主体的内在向度的自由，将其绝对化甚至超验化，进而排除一切通过环境设置干预人的行为的做法。

实际上，人的行为，包括道德行为，都自觉不自觉地受到外界环境的调节。只要提供正逆刺激，就能一定程度上按照预期规训行为。斯金纳为了验证理论，做了一个鼎鼎有名的斯金纳盒。内匣白鼠，布置电击和糖水机关，可提供正逆反馈，进而规训小鼠行为。[1]其后来又发明了一个襁褓，通过正逆刺激，规训小孩儿，旨在帮助孩子能更好地成长，[2]但却遭到了强烈的反对。人们总是把他的襁褓说成是白鼠盒，而且认为把人当成动物来养，是对人的尊严的赤裸冒犯。人的尊严这一概念在道德哲学里是一个红线词汇，一经触碰，即遭禁止。支持这种尊严观的有基督教和康德理性主义两个最有力的传统。

基督教传统将人的尊严建立在上帝的图像之上（*Imago Dei*）。[3]人独特的尊严性是从神而来的，人和上帝同形，他的身体即上帝的殿。这样一来，人的尊严并非建立在人的人类学意义的本质之上，而是建立在人与神的关系之上，并最终奠基于关于上帝的形而上学。而康德尊严观则完全建立在人的自由理性的施为能力之上（free rational agency）。人之所以是有尊严的，是因为他是无价的。之所以是无价的，则是因为他是自己的目的。他是最高的目的，不是用来实现其他目的的工具。而他之所以是自己的目的，恰恰是因为其所独具的自由理性的施为能力。这种能力是一切可能善的基础，因之是绝对善，具备内在价值。因此，自由是尊严的核心。斯金纳批评尊严和自由的独断，认为这将阻碍科学行为学的进步。

---

[1] See Skinner B. F., " Review Lecture-The Technology of Teaching ", *Proceedings of the Royal Society of London, Series B, Biological Sciences,* 162(989), 1965.

[2] See Skinner B. F., " Baby in a Box ", *Ladies Home Journal,* 62(10), 1945.

[3] Bayertz K., " Human Dignity: Philosophical Origin and Scientific Erosion of an Idea ", Bayertz K, ed. *Sanctity of Life and Human Dignity,* Berlin: Springer, 1996, pp.73-90.

斯金纳在《尊严和自由之后》（*Beyond Dignity and Freedom*）①以及科幻著作《瓦尔登湖第二》（*Walden Two*）②两本书中，表达了通过科学实验办法来规训人的行为想法。

阿赫特豪斯对斯金纳援引却基本上是积极的，他认同对尊严和自由的过分强调常会遮蔽行为的可塑性，但是他关切的主要是道德意向行为的塑造问题。阿赫特豪斯认为无论是否进行主动的设计调节，人的道德活动在事实上从来不是纯粹的实践理性按照形式化原则所要求的那样去规定意志的活动，个体的道德抉择始终是在一定的社会物质情境中实现的。人如何理解道德和如何实践道德，不能混为一谈。道德形而上学的工作本身是一种特殊的建构活动，如果我们秉承现实的态度，从经验上认识到道德实践不能简单还原成道德哲学，我们就需要重视考察人的道德意向活动受到物的调节情况。

当然，阿赫特豪斯也担心自由侵犯问题。边沁的乌托邦在他看来实际上是一个超大监狱。假如有一种设备和设计使得人总是按照预想去行为，人的根本自由与人性恐会遭受巨大挑战。但是另外一个极端是自由／尊严的独断主义。斯金纳指出，对自由和尊严的道德强调总是反对任何意义上的技术进步。所谓文字和图书的发明会使得师生关系变淡薄，火药使得骑士精神衰落，安乐死则会伤害人们的道德勇气等均属这种情况。道德物化的批评者认为这一策略会使得人丧失发展他们道德官能的机会，最终侵蚀道德想象力和执行力。这种忧虑有其现实意义，但远非现实。汽车安全带系统是否会导致道德衰败在很大程度上是一个经验问题，有待于实证研究。一

---

① See Skinner B. F., *Beyond Freedom and Dignity*, Indianapolis: Hackett Publishing, 2002, pp.1–43.

② See Skinner B. F., *Walden Two*, Indianapolis: Hackett Publishing Company, 2005.

言以蔽之，阿赫特豪斯的卓越贡献在于他标示出了道德激发力不足的问题，即我们为何明明知道什么是道德的，却不能有效实践它。

（三）道德激发力问题的解决

罗素在他的道德哲学里曾犀利地指出，虽然价值判断和科学判断不同，无所谓真假，但是伦理决策需要科学知识。[1]我们只有对具体的问题产生充分的知识，才能了解因果，解除困惑。因此，道德理论和实践需要经验知识的输入和垫靠。只有从科学上了解同性恋是不是病、堕胎算不算杀人，以及决策的心理机制和脑科学知识等，我们才能进一步讨论道德。这要求我们必须要对意志实践做经验知识的积累，而不仅仅是把它当成一个形而上学主题来研究。后者努力重心原就不在方便道德实践，而在为道德奠基；前者的努力则可能帮助我们更好地践行道德。缺乏科学知识会导致道德激发力不足。

道德激发力不足一般有两种情况。一种是无知之过。如果能动者未能清晰预见自己行为之因果，不知道自己所做的事，不是促进反而是毁坏所求之善，就是一种疯狂（非理性）。如一个帝王，认为保持民众愚昧才能安稳统治，结果因为民智未开，国力衰败，列强涌入，竟致国破家亡，这就是一种无知的恶。另外一种是意志薄弱。意志薄弱者有充分的智能了解自己行为的因果，也清楚明白道德原则，但是明知故犯，意志选择倾听本能而非道德的呼求，既获得肉欲的满足，又招致良心的谴责，意志在此表现为他律。也恰恰如此，人在天理和人欲的一番缠斗下意识到自己软弱的处境。面对知识匮乏和意志软弱所导致的问题，通常要通过强调良心教育来解决。但是光是说教效果很不好。阿赫特豪斯开篇就说清了，尽管人们

---

① See Potter M. K., *Bertrand Russell's Ethics*, London: Bloomsbury Academic, 2006, pp.80-90.

议论纷纷，义愤填膺，但是仍旧无视环保。这实际上是因为我们对人的意志没有充分的经验知识所致。我们不了解意志在现实生活中是如何形成计划、图景并最终进行决策的。

我们可以把阿赫特豪斯的道德物化提议认为是一种道德实践知识的努力。在道德实践中，意志如何形成选项，并最终进行选择并不是一个形而上学过程。也就是说，那种康德式的道德意向活动，实际上是一种形而上学建构。为了使得人具有普遍有效的规范性成为可能，他通过先验分析法，建构了一种意志形而上学，将意志的自由性建立在本体界的悬设之上。这样一来，康德为道德找到了一个稳固的基础。康德趣味始终在于道德奠基，而不在于给实践提供高效可操作的原则。他举的诚实／做假誓，自杀／勇敢生存，自我荒废／不断精进等例子常常被解读成一种道德实践努力。实际上，康德的举例并不在于提供处理道德抉择的操作办法，而在于进一步说明意志不受任何经验污染的形而上学自由性，即它既不会在意志中引起自相矛盾，也不会在现实世界里自相矛盾，因之是可能和现实的。

但如果误会了康德形而上学，将它看成一个寻求有关意志实践法则的经验知识的努力，这可能就违背了他的初衷。关于意志实践的经验知识的探索，严格讲属于心灵哲学、脑科学和心理学乃至实践伦理学的领域。它的基本问题不在于讨论意志形而上学。形而上学讨论本身不可能验诸经验，不具备真假条件，因此不可能产生任何确定的知识。意志实践的经验知识的兴趣在于从搜集经验数据开始，进而建立理论，用来准确描述、解释和预测意志的活动。将形而上学讨论误读成对意志实践的经验知识兴趣，在日常讨论中十分普遍。这种认识偏差主要源自究责之故，人们常倾向将意志活动理解为人脑的孤立行为，在理论上则因之与发现强调个体责任的康德的道德哲学十分亲近。

实际上，生活中的道德意向活动就其形成选项和做出选择而言都不是形而上学问题，更不是一个人在一个封闭环境中大脑作出的一系列孤立的想象和判断。它一般总是情境性的、中介性的，受到物的意向性的调节。例如，如果没有B超技术，所有婴儿都被认为是健康的，父母总决定要把他生下来。有B超技术后，有些孩子可能被父母理解为病人，生命可能被终止。可见，人如何看待孩子，形成对他未来的畅想，进而做什么样的决定，技术扮演了相当重要的调节作用，技术在此具有指向性。这里，人和孩子的关系一定程度上是由技术构造起来的。日常生活中的道德意向活动，既不是一个形而上学建构，也不是封闭个体的大脑行为，它是一个非常复杂的、情境性和中介性的活动。心灵哲学中延展心灵（extended mind）讨论已经较为清楚地识别了心灵／意志活动的情境性和中介性，这里不做多论。①

有关意志实践的经验知识的一环常被人忽视。在道德形而上学和道德实践之间，还有事关意志实践的经验知识。这些知识和我们行为的技术物质情境直接相关。了解并生产这些知识，我们才能较为充分理解道德无力感的原因，拓展对道德活动本身的认识，进一步发展出理论和实践来治疗道德无力感。这样一来，技术哲学就变得非常重要。阿赫特豪斯后续又发表了很多通俗文章来介绍他的技术哲学思想。他的技术哲学总是和政治批判联系在一起，受到美国文化学者伊万·伊里奇（Ivan Illich）乃至于政治学者汉娜·阿伦特（Hannah Arendt）很大影响。充分了解他的技术哲学思路，需要进一步系统介绍他的政治社会学。阿赫特豪斯率先提出了"道德物化"口号，指出了人的道德意向行为受到物质环境的调节，物对

---

① See Kiverstein J., Clark A., " Introduction: Mind Embodied, Embedded, Enacted: One Church or Many？", *Topoi*, 28(1), 2009; Menary R., *The Extended Mind*, Cambridge: Mit Press, 2010.

人能够造成一种主体性构造能力。一旦有个专门词，他就可以建立一个场域，人们可以就什么是道德物化、何以能物化、如何物化进行认识论和实践论的讨论。但是他并未能深入系统地阐发技术品的道德意向性思想，这一努力要等到他的学生维贝克来开展。

三、维贝克的道德物化观与技术意向性考察

前文提到，所谓道德物化，简单讲就是道德主体不单是人或物，而是人和物的集合。这意味着物本身不是价值中立而是负载道德意向性的。因此，在设计物时，应有价值自觉地试图把公共善嵌到人工物里去，进而通过物的发端流行来实现善。汽车安全带就是一种道德物化技术，系统会不断报警迫使你扣上它。道德物化概念在国内外产生了广泛的影响。在阿赫特豪斯提出道德物化观念之后，维贝克结合伊德后现象学对该理论进行了系统的发展，完整地阐释了技术物的道德意向意义。

维贝克是荷兰皇家艺术与科学院成员，联合国教科文组织世界科学技术伦理委员会主席，荷兰屯特大学建校以来的第五位终身教授。维贝克最近几年声名鹊起，他关于道德物化和技术意向性的思想主要集中在两本书中。一本是《物何为》（*What Things Do*），这本书是他的博士论文；另一本是《将技术道德化》（*Moralizing Technology*）。实际上，第二本书是对第一本书更加细致深入的延伸性分析。维贝克所在的屯特大学是荷兰的4TU（荷兰四所知名理工大学联盟）成员之一。在理工大学的哲学系工作，维贝克对于技术的发展相对比较乐观，但他认为技术发展应该符合人的善良期待。维贝克本人长期给理工科学生讲伦理课，给他们传授道德物

化相关思想，其中很多是做工业设计的学生。他自己也在指导一个设计实验室。维贝克延续伊德的技术意向性讨论，将道德物化概念奠定其上。既然后现象学已经说明了物也有意向性，可以通过放大／缩小结构来调节人的经验，那么系统考察物如何来调节人的道德经验就可作为道德物化的理论基础。在此基础上，维贝克发展出了一套用以指导工程伦理和设计哲学的理论。

（一）海德格尔对维贝克思想的启发

延续伊德，维贝克也是在对海德格尔的批评之上开展道德物化研究的。海德格尔将技术看成把一切当成持存的解蔽方式，首先把技术和生存联系在一起。[①]经验转向之后学者不再把技术当成一个整体进行批判，转而谈具体技术品的哲学问题。其中最为重要的学者是维纳(Langdon Winner)。维纳最早在《技术物是否有政治》一文中讨论了人工物的政治属性问题。他以一个可以仅让轿车通过的低通桥为例说明人工物内嵌了价值，可以用来实现特定的目的。这个桥高度有限，仅能让有轿车的白人通过，贫穷的黑人坐巴士则被阻拦，无法抵达对面的休闲场所。[②]价值敏感设计和说服性技术研究都揭示了技术的道德负荷问题。[③]因此，道德物化绝非凌空蹈虚，它是在我们对人工物的哲学理解中不断展开的。道德物化预设了物的道德意向性，物不再是中立工具，它调节道德能动性，是有道

---

① See Hanks C. *Technology and Values: Essential Readings*, New Jersey: John Wiley & Sons, 2009, pp.99-113.

② See Winner L., "Do Artifacts have Politics？", *Daedalus*, 109(1), 1980.

③ See Friedman B., "Value-Sensitive Design", *Interactions*, 3(6), 1996; Johnson R R., "Persuasive Technology: Using Computers to Change What We Think and Do", *Journal of Business and Technical Communication*, 18(2), 2004.

德负荷的。维贝克想找到一个系统理论来为这些新的观察提供解释，他并不是仅想提出一个实践诉求，其最根本的兴趣还是存在论的，他想要建构一个人/物关系的新解。

从存在论理解道德物化，我们需要解决何谓道德以及道德何以能物化的问题。就道德而言，维贝克并未特别言明。从文本上看，他预设了一般常识性道德，即具有普遍有效约束性的原则和值得追求的价值和美德。通常认为，承担道德行为的道德主体是具有意向能力的自由的主体，从这个意义上说，技术显然是没有的。维贝克引用康德论述的次数较多，我们权将康德的道德哲学作为前提来深入讨论。前文提到，康德认为道德表现在绝对律令，即有一种原则对意志有无条件的绝对规范性。①它的形而上学可能是意志的自我立法性，即自由。所以自由是其道德的核心。一个主体出于责任，也就是对道德法的尊重而去行为，才是道德行为，而仅仅符合它则谈不上道德，因为行为失去了主体在欲望和尊重两者中将后者当作行为动机的规范性要素。根据这种研究，康德继而提出了一些值得广泛追求的价值，比如诚实/不撒谎，勤奋/不荒废，坚强/不轻生，等等。②虽然这里以康德为例，但这一归纳同样适用于其他道德基础论的努力，比如功利主义、神令论，等等。它同道德相对主义和情境主义则不一定完全吻合。我们把道德讨论限定在基础论尤其是康德道德哲学之内，因为它同道德物化批评最为相关。

什么是物呢？维贝克对物的分析包括三个方面：一是技术哲学史

① See M. Gregor and J. Timmermann, *Immanuel Kant: Groundwork of the Metaphysics of Morals: A German-English Edition,* Cambridge: Cambridge University Press, 2011, p.41.

② See M. Gregor and J. Timmermann, *Immanuel Kant: Groundwork of the Metaphysics of Morals: A German-English Edition,* Cambridge: Cambridge University Press, 2011, pp.87-91.

中的物观念；二是物的分析；三是人/物关系。就第一个问题而言，亚里士多德认为技术虽然模仿自然，按照特定目的、特定形式安排物质，但人工物是外因的，自然却是自因的，本体论地位不同。然而，人工物之间没有本体论差别。[1]海德格尔的创见在于他把前现代物和现代技术物进行了本体论区分。海德格尔认为传统的物才是物，因为它是物事（thing），现代视野中的物不是物，而是对象（object），甚至仅仅是持存（standing reserve）。作为物事的物是一种特定的聚集（gathering），它召唤（summon）天地人神，完成了一种丰富性的存在。[2]棺材聚集生老病死，聚散离合，但水电站没有这种特定的聚集，而是作为一种集置将河水解蔽为持存，可被任意取舍。[3]

维贝克扬弃了海德格尔的物论。在物的分析中，他继承了现象学的分析办法，认为对物的理解不能纯粹采用分析哲学、伦理学或政治/社会批判科学的研究办法，物的分析应该是现象学的。现象学关心其他办法都未充分关照的核心问题，即人作为造物，用物者的根本存在处境问题。虽然维贝克继承了现象学分析办法，但他从一个经验转向之后学者的立场批评了海德格尔的技术讨论，认为把传统物和现代技术物与本体论区分尽管极为重要，但对现代技术不大公允。这主要是因为海德格尔将现代技术统归一类所致。维贝克用抽象（abstract）、笼统（monolithic）、怀旧

---

① See Schummer J., " Aristotle on Technology and Nature ", *Philosophia Naturalis,* 38(1), 2001.

② See Mitchell A. J., *The Fourfold: Reading the Late Heidegger*, Evanston: Northwestern University Press, 2015, pp.3-24.

③ See Heidegger M., *The Question Concerning Technology,* New York and London: Garland Publishing, 1977, p.16.

（nostalgic）三个词概括了海德格尔的技术批评。①所谓抽象，指海德格尔讨论的不是任何具体人工物，而是技术作为一种揭示方式的存在论讨论，这也就是他所谓的存在论与存在者论（ontological/ontic）的区别。这样他只把前现代和现代技术做了区分，但并不能考察现代技术的种种分殊。海德格尔甚至认为现代集约农业和纳粹集中营本质上没有区别。维贝克认为现代技术千差万别，将其一概而论既是揭示也是遮蔽。维贝克将海德格尔的讨论办法称为对技术前提条件（precondition of technology）的探索，而非技术本身的探索，因为它讨论的是现代技术成为可能的形而上学条件而非技术本身。维贝克要求经验转向，他希望从具体的技术给我们带来的利弊共生现象着手，寻找开放的物论。这就进到他的物分析和人/物关系讨论。

（二）技术道德意向性的理论内涵

延续阿赫特豪斯的思路，维贝克的物分析受到三个来源的积极影响，分别是伊德的现象学、拉图尔的行动者网络论和福柯的权力论。拉图尔的工作对维贝克具有启迪性。拉图尔的行动者网络理论揭示出科学技术活动是人、工具和社会互构的过程。②人本身并不是唯一的行动主体，行为是由诸多行动者建构的，这些行动者未必是主体。维贝克受到启发，并试图将它当成一个存在论思路进行理解，即人的生活世界并不是一个简单主体投射的过程，而是人和物在交往中产生的。③

① See Verbeek P. P., *Moralizing Technology: Understanding and Designing the Morality of Things*, Chicago and London: University of Chicago Press, 2011, pp.60-67.

② See Latour B., *Science in Action: How to Follow Scientists and Engineers Through Society*, Cambridge: Harvard University Press, 1987, pp.103-145.

③ See Verbeek P. P., *Moralizing Technology: Understanding and Designing the Morality of Things*, Chicago and London: University of Chicago Press, 2011, pp.149-154.

福柯的权力论对维贝克也有重要启发。和康德不同，福柯的创见在于揭示权力维度在主体建构中的作用。康德道德哲学把自治（autonomy）作为主体的核心，认为自治给了人内在价值，使人有尊严，但是作为自治基础的自由何以可能，没法说清楚，只能悬设。综观康德方法，他无非想说，如果有道德，有普遍有效的规范性，我们必须要悬设自由，继而必须要将自我理解为自治的，否则，我们将无法有任何道德实践，无法将自己看成主体。福柯批判了这一点。他认为主体从来没有这种意义上的自由，主体性不是先天完成而是不断受到具体条件影响的。人活在历史、文化、制度之中，时刻受到权力塑造，因此是一个不断完成和建构的过程。这种权力塑造的一个表现就是技术对主体的塑造。福柯将技术做广义解，指一种规约。他也提到具体的技术，例如环形监狱。环形监狱不直接通过暴力塑造主体，它给主体造成一种压力，使其通过自我规训来完成监控。维贝克抓住福柯的这一讨论，认为主体性是在人／物的互动中被建构出来的。

问题是，如果主体完全是权力塑造的，那么它必然丧失自由性，继而丧失主体性。拯救主体之故，福柯发展出和康德不同的另一种自由。他认为主体虽然时刻都在宿命般地受到权力的形塑，但一旦对此产生自觉，他就获得了一种自由。[1]也就是说，人可以通过改革制度、涤荡文化、创制器具的办法来实现主体的解放。因此，福柯的理论一方面帮助我们认识到人的条件性存在，也同时揭示了人的根本自由。[2]维贝克认同福柯的揭示，既然主体是通过人／物互动来塑造的，而主体的自由又体现在

[1] See Verbeek P. P., *Moralizing Technology: Understanding and Designing the Morality of Things*, Chicago and London: University of Chicago Press, 2011, p.111.

[2] Verbeek P. P., *What Things Do: Philosophical Reflections on Technology, Agency, and Design*, University Park: Pennsylvania State University Press, 2010, pp.77-85.

物的创制和使用之上，那么强调设计的道德物化思路就很自然了。

　　拉图尔和福柯对维贝克有重要的启发意义，但并未直接从方法论上给维贝克提供资源，维贝克的方法始终是现象学的。传统的现象学讨论虽然在对生活世界强调上符合维贝克的预期，但方法上比较贫乏。维贝克认为传统现象学并不关注具体物的问题，海德格尔对技术的讨论过于抽象。因此，维贝克转向并发展了伊德的后现象学思路。所谓后现象学，指的是那种关注技术物在我们意向性行为中的调节作用的现象学。伊德解释了人对世界的经验并非简单的主体认识客体的过程，而始终都受到物的调节，并在此基础上提出了人—技术—世界四种关系和技术意向性概念。伊德把人、技术物和世界的关系归纳为涉身（embody）、背景（background）、解释（hermeneutic）和它异（alterity）四种。

　　所谓涉身，指的是技术作为肉体器官的延伸，例如眼镜。所谓背景，指运转在背后、排斥凝视的技术，例如中央空调。所谓解释，是将外界信息通过物解读出来的技术，例如温度计。所谓它异，指可作为一个类似他者（quasi-others）的方式出现的技术，例如取款机。①维贝克又加上赛博格（cyborg）和塑造（composite）关系。②赛博格模糊了人和物的界限，例如电子人技术。而塑造关系指的是物不仅表象现实，实际上也建构现实，例如电子望远镜。后现象学的办法指出人对生活世界的经验实际上是受到技术调节的，很多时候是技术提供了认知的前提。人的道德决策经验

① See Ihde D., *Technology and the Lifeworld: From Garden to Earth,* Bloomington: Indiana University Press, 1990, pp.72-108; Verbeek P. P., *What Things Do: Philosophical Reflections on Technology, Agency, and Design,* University Park: Pennsylvania State University Press, 2010, pp.125-128.

② See Verbeek P. P., *Moralizing Technology: Understanding and Designing the Morality of Things,* Chicago and London: University of Chicago Press, 2011, pp.144-146.

也是受到技术调节的。例如超声系统，没有这个系统，我们对待未出生的婴儿的态度差别可能很大。因为不知道胎儿的健康情况，我们就没法进行下一步道德决策。如果我们发现胎儿是畸形的，且同时有无创微痛技术，我们则较为有可能选择堕胎。如果胎儿的畸形可以通过技术手段进行后期矫正，我们则倾向把孩子生下来。当然，技术的意向性并不发生在真空中，它总是和其他价值纠缠在一起。一个虔诚的天主教徒，无论知不知道孩子是畸胎，技术允不允许堕胎，都可能选择不堕胎。不过，技术在此对我们的道德决策造成的说服性效果是清楚明白的，只不过在道德权衡中，其他价值占据了上风。再比如基因筛查技术的发明和使用使得有些健康人被看成病人。一个人通过基因诊断发现自己罹患乳腺癌的概率很高，在没有该技术之前，他和大部分人一样，都按照健康人的方式来理解自己，规划人生。基因诊断技术给他提供了一种新的视角，在这一视角中，他将自己看成一个潜在的病人。可想而知，他对自己的看法和规划将发生重大改变。他的家人、朋友和同事将对他产生不同的道德期待，牵涉其利益的一系列道德决策都会发生重大改变。可见，技术不是一个简单的工具，它同人一道构成道德决策。后现象学所提供的人技互构理论提示我们，人的道德意向结构总是受到技术人工物的调节。技术手段帮助我们了解道德相关的事实问题，一定程度上建构我们的道德选项并影响我们的道德计算，最终参与我们的道德决策。

（三）对道德物化的批评

将道德意向性不仅归于人也归于物招致了很多批评。维贝克将对道德物化的质疑概括为三种：一是自由侵害论，二是道德取消论，三是技治主义论。自由侵害论认为道德物化会侵害自由。[1]康德认为人之所以为人是因其有自由理性的能动性（free rational agency）。如在用物时，人被操纵，进而非自由地践行价值，那么自由将遭到侵害，尊严将受到冒犯。[2]在应用伦理情境中，人的尊严（human dignity）通常是道德底线，一旦触碰，即遭禁止。[3]道德取消论认为如果道德统统被嵌入人工物，行为的道德性即被剥夺。因为它仅仅是偶然符合而非出于道德要求。康德认为只有出于义务的行为（act from duty）才道德，仅符合义务（act in accordance with duty）并不具道德性。[4]如果用物使得行为自然符合义务，道德就被取消了。比方说不堪安全提示噪音骚扰，不厌其烦地系上安全带就不是一个道德行为。技治主义论认为道德物化给工程师过度赋权。绝大多数老百姓注定没有工程和设计知识，道德物化必然把道德抉择让渡给专家。技术专家来衡量好坏，进行价值排序，进而决定物化和实现什么价值。这从根本上是反民主的。维贝克虽然列举了以上问题，但他并未从认识论角度回应上述挑战。

道德物化的三种批评都有一定的合理性，但均不完全恰当。如果道德物化指的仅是把道德意向性完全交给技术人工物，将人还原成被动执行者，那么这三种批评都算有的放矢。但问题是道德物化的内涵并非如此。

自由侵害论认为物化道德会从根本上损害人的自由，侵犯人的尊严。

---

① See Verbeek P. P., *Moralizing Technology: Understanding and Designing the Morality of Things*, Chicago：University of Chicago Press, 2011, p.96.

② See Sensen O., *Kant on Human Dignity*, Berlin and Boston: De Gruyter, 2011, p.193.

③ See Beyleveld D., R. Brownsword., *Human Dignity in Bioethics and Biolaw*, New York：Oxford University Press，2001, pp.16-18.

④ See M. Gregor and J. Timmermann, *Immanuel Kant: Groundwork of the Metaphysics of Morals: A German-English Edition*, Cambridge：Cambridge University Press, 2011, pp.24-25.

这种观点预设了康德自由观，把人看成先天完成的道德主体，把物仅仅看成一种工具，不具备道德意向性，在道德决策上要求人们时刻使用自由意志的选择能力。对自由的侵害可分为对选择能力和选择结果的侵害。就自由作为一种选择能力而言，首先，康德自治讨论的初衷并不在实践，而在人的实践性自我理解，是一个道德形而上学问题。而维贝克讨论的是主体道德决策的形成问题。道德物化作为一种实践本身并不在逻辑上立刻造成对自治这一康德形而上学企图的损害，这完全是两个层面的讨论。生活中的例子比比皆是，例如使用减速带和安全带并不会剥夺司机的自治和尊严。按照康德的逻辑，自治和尊严是从司机的实践理性中引申出来的，不可能被剥夺。所以道德物化并不立即同康德的尊严冲突。如若冲突，则必须把康德的尊严做实践性理解，即如果要保证人的自治在现实生活中充分实现出来，我们要求消除影响意志自由的经验障碍。如果一个社会物欲横流，不谄媚就不得食，不撒谎就不得活，这个社会条件就很不利于自治，是侵犯人尊严的。问题是，道德物化是否会造成一个伤害自治的社会条件呢？这个问题需要具体分析。

就减速带和安全带而言，我们有理由认为它不会造成伤害自治的条件。首先，当人可以自由选择时，他会出于道德考虑选择扣上安全带开慢点，这本身保障了自由。另外，保障安全是保障生命和理性的必要条件。只有保障了安全，人才能更好地自治。但问题是，在这种技术配置下人们只是碰巧按照安全的要求去行为，并不是主动出于道德义务而为此。这是否会伤害道德自治呢？笔者认为，即使对康德的自治做实践理解，也无法想象他会要求人们在日常生活中时刻呈现道德自觉，进行有意识的道德选择，观察自己是否出于义务行动而非偶然地符合义务的要求。人的大部分行动都是下意识的，只有偶遇生况，才会自觉选择。康德的道德哲学重在寻找道德形而上学根基，本就不在于寻找最有效的实践指导原则。他既不反对按照美德也不反对按照习惯行事，他唯独反对把它们当成道德的基础。

要求人不断进行道德抉择本身也不符合人类学常识。人的意志作为一种资源在一定时间内是有限的，不断抉择通常会使人精疲力竭。道德哲学家格沃斯曾对自由行为和非自由动作做了有益区分。[1]在他看来，一个行为之所以是行为是因为它是有目的性的活动，它预设自由。主体要设定自己的目的，并发展出原则去实现它。但行为并不要求主体时刻对自己的动作保持自觉，只要主体能事后通过反思提供行动理由即可。也就是说，下意识的行为当然也是行为。但是精神病患者患病期间的活动仅仅是动作，并不是目的性活动。这也非常符合日常生活常识。即使是一个康德主义者，也并不会要求人们通过时刻选择的方式来实践自由。当一个人下意识地系上安全带时，一旦问他为何要系，他能够通过反思认同系安全带是安全的，认同安全带的设计符合安全原则，我们通常就认为主体的自由并未受到侵犯。

另一个担忧是给予技术人工物道德意向性可能会彻底取消道德。如果社会制度和技术品的设计使人自然地不去说谎，不去懒惰，不去伤害他人，这个社会在康德眼里是否更好呢？该社会中每个人的行为都自然符合义务，但并非出于道德要求，所有行为都不具备道德意味，道德被取消了。显然，这是一个思想实验，现实中不太可能发生。我们在这里思考它的目的主要在于澄清道德取消论的根本逻辑。道德被取消乍听起来是件坏事，但取消道德并不意味着不道德，它可能意味着不再需要道德。康德认为道德本质上是人的独特处境。人拥有形而上学的自由和本能的欲求，意志却能在这两者的张力中选择服从义务，道德正是人所特有的一种抉择。而对于天使而言，他的行为则天然符合道德要求，因为他没有动物本

---

① See Gewirth A., *Reason and Morality,* Chicago and London: University of Chicago Press, 1980, pp.49-50.

能。①一个不需要道德但处处符合道德要求的世界在康德眼中就是天国，谈不上不好。在《道德形而上学基础》中，康德实际上说明了道德的存在揭示人的高贵，但它的必要则恰恰说明人的有限。因此，假如有一种技术可以使人的言谈举止天然符合道德，它并不立即是恶的。但它的确侵犯了为恶的自由，人们不再有能力想象和从事恶。问题是，康德是否会认为为恶的自由是真正的自由呢？从康德逻辑来看，他所珍视的自由实际上是道德自由，也就是人摆脱一切本能牵引，获得良知完满的自由。作恶的行为谈不上自由，因为它完全出于欲望，是被决定的。因此，笔者不认为康德会觉得技术取消自由是恶的。

现在考虑作为一种具体选择结果的自由。假如有一种技术依托其技术意向性而内嵌了一种地方性价值，该价值在特定文化圈内被认为是值得追求的，但在道德陌生人眼中则是可鄙的。例如，种族隔离在特定的历史阶段、特定的国家内有重要的道德意义，并一度被认为是值得普遍追求的。回顾前文所提到的种族歧视桥，如果全世界普及这种桥，道德物化很可能导致价值侵犯，继而侵害自由。这种担忧是合理的，但不管道德是否物化，人们都要面对道德实践多元化的现状。技术品本不是价值中立的工具，而有意向性。承载地方价值的技术在本地使用一般不造成自由侵犯，但如果它内嵌种族和性别歧视等地方价值，则完全可能损害基本人权。在全球化时代，技术转移在深度和广度上都必然造成跨文化影响。地方性技术一旦在陌生文化中使用，则完全可能造成对当地价值的冲击和影响。人们对技术的排斥实际上是对特定技术意向行为的排斥。例如最近几年的网络价值论讨论，认为互联网内嵌了一种美式自由观，它的使用会排斥其他

---

① See M. Gregor and J. Timmermann, *Immanuel Kant: Groundwork of the Metaphysics of Morals: A German-English Edition*, Cambridge: Cambridge University Press, 2011, p.57.

价值。在儒家社会中，人们可能重视义务和社群自由，而网络的去中心化的沟通方式将会挑战传统价值。[①]

以上担忧有合理性，但也并不立即挑战道德物化理论。一方面，正如福柯所说，人自觉不自觉地生活在权力之中，物的创制和布置本身总是受到各种价值诉求的影响。特定的价值的物化一般都是下意识完成的。一个自由社会中的设计师可能很自然地设计终端对终端的沟通机器，但这在威权国家就不太可能。既然物的设计总是负载价值的，维贝克认为将物的道德设计从不自觉变成自觉本身恰恰昭示人的自由。道德物化首先是一个重要的存在论揭示，令我们注意到人的意向性行为本身就受到技术的调节，因为技术物有技术意向性。在此基础上，维贝克考察了它的实践作用。因此，如果自由侵犯可以作为反对道德物化理由，我们必须要进一步说明为什么不自觉地物化要比自觉地物化更可取。这是比较困难的。就这一点，有两条可以进一步发展的思路。第一种思路是从存在论角度将人和物互动的丰富性优先，认为人不应当对物的创制产生充分的道德物化自觉。一旦如此，人将优位于一种控制的意志，而失去超然意志，因此将闭塞存在的丰富性。第二种思路是实践论的，有人或许会认为工程师不应承担过多价值期待，而应集中精力促成功能实现，否则我们将面临两个挑战。一是工程师的自主性和尊严或受到挑战；二是普通人注定无法做技术设计，道德物化会给设计师赋权，最终会导致工程师治国。

第一个思路是形而上学的，需要回到海德格尔进行充分发展。第二种思路是有合理性的。工程师希望自己能够按照用户的需要去完成功能。要

---

① See Bockover M. I., "Confucian Values and the Internet: A potential conflict", *Journal of Chinese philosophy*, 30(2), 2003; 王小伟：《作为一种价值的互联网——一个比较哲学的思路》，载《自然辩证法研究》2016年第11期；Wang T., "Designing Confucian Conscience into Social Networks", *Zygon: Journal of Religion and Science*, 51(2), 2016.

求技术物化价值可能会加重其负担，阻碍创新。更加紧迫的问题是技治主义风险。维纳曾指出大型核电站的修建会给工程师和科学家高度赋权，这将导致技术专家的僭越，由他们来定义何谓善的生活。[①]针对技治主义，技术民主化是个解药。维贝克认为如果没有道德物化理论，我们更无法规避技治主义风险。因为价值随着技术意向被悄无声息地植入技术，而人们还认为技术人工物是中立工具。有了道德物化理论，我们才可能应对技治主义。道德物化理论并没说工程师是唯一的价值设计者，荷兰学者近来广为推崇的"负责任创新"思路恰恰要求技术设计过程更加开放包容。[②]这要求不同利益主体，如设计师、工程师、政客、伦理学家和消费者等一道来反思技术的价值内涵。这一设计民主化尝试可以道德物化理论为基础，同时为道德物化提供操作思路。[③]目前来看，比较稳妥的做法是把基本人权设计入物。基本人权是全世界绝大多数国家都认同的。因此，技治主义批评的不是道德物化，而是如何道德物化。

---

① See Winner L., *The Whale and the Reactor: A search for Limits in an Age of High Technology*, Chicago and London: University of Chicago Press, 2010, pp.164−179.

② See Von Schomberg, Rene, "A vision of responsible research and innovation", *Responsible innovation: Managing the Responsible Emergence of Science and Innovation in Society*, 2013.

③ 参见王小伟、姚禹：《负责任地反思负责任创新——技术哲学思路下的RRI》，载《自然辩证法通讯》2017年第6期；Owen R., Macnaghten P. & Stilgoe J., "Responsible Research and Innovation: From Science in Society to Science for Society, with Society", *Science and Public Policy*, 39(6), 2012.

四、结论

　　本章介绍了荷兰学派道德物化的基本思路，即讨论技术如何调节人的道德意向能力。阿赫特豪斯注意到道德讨论和道德行为之间存在巨大鸿沟。为了充分理解这种言行不一的现象并提供解释，他承袭拉图尔，认为这主要是因为我们未能克服现代性的主客二元论所致。此二元论将人看成唯一的道德主体，物则是中立工具，仅仅将人看成自我完成的意向性主体，而忽视了技术人工物的意向可能。阿赫特豪斯将人和物一起无偏见地放入道德实践进行考察，建议更加细致地描述道德决策的经验知识。受到边沁、福柯和斯金纳的启发，阿赫特豪斯注意到物质环境对人的主体性的塑造和影响。他认为人们言行不一的原因并非因为意志薄弱，亦非虚伪，而是缺乏道德表达和实践的客观物质条件。建立完善这种条件，是提振社会道德的重要途径。阿赫特豪斯的学生维贝克依靠伊德的后现象学，对道德物化理论进行了系统的发展，用其来考察人的道德能动性是如何受到技术人工物的调节的。道德物化不是一个简单的实践思路，它旨在从存在论上指出人的道德意向性是由人和技术物互相建构的，人工物本身也有道德意向性。在理清后现象学道德物化观中所呈现的技术意向性概念后，在下一章中，笔者将着重介绍荷兰学派中的分析路径是如何理解这一概念的。

第五章

分析路径中的
技术意向性

一、背景

荷兰技术学派大致可分为两大研究路径：一是现象学路径，一是分析路径。前一章我们讨论了荷兰学派现象学路径如何理解技术的道德意向性问题，本章笔者将系统反思分析学派的观点。彼得·克洛斯（Peter Kroes）是当代著名的荷兰籍技术哲学家，是技术哲学分析路径最为突出的代表性人物。克洛斯早年曾在埃因霍温理工大学学习工程学，后逐渐转向面向工程的技术哲学研究。克洛斯作为荷兰技术学派中分析技术哲学的主要创始人之一，和安东尼·梅耶斯等人推动技术哲学经验转向后的研究工作。在这一转向中，克洛斯针对技术人工物的本体论和道德地位做了深入而细致的研究。

克洛斯的研究有着明显的工程学指向，关注的是技术人工物在实际设计和使用中意向性如何体现，以及技术有无可能负载价值，负载何种价值的问题。其中一个重要的讨论便是关于道德物化是否可能以及如何实施。然而，为了解决这一问题就不得不首先研究技术人工物的本体论问题，即明晰技术人工物在本体论意义上究竟"是什么"。只有这一问题得到解决，后续的研究才有可能稳步推进。因此，在进入对克洛斯关于技术人工物的道德价值和技术意向性的讨论之前，我们有必要先考察他在人工物本体论上持有何种观点。

二、关于克洛斯技术人工物本体论理论的
分析与评介

（一）对西蒙技术人工物理论的批判与发展

克洛斯关于技术人工物的本体论讨论并非凌空蹈虚，他关于技术人工物本体论地位的理论建构主要受到哲学家西蒙（Herbert Simon）的影响。西蒙认为要分析技术人工物必然离不开分析以下三个要素之间的关系，即目的（the purpose or goal）、人工物的特性（the character of the artifact）和人工物所使用的环境（the environment in which the artifact performs）。[①]一个技术人工物要想实现某一目的，必须要有一定的物理特性支持，同时还需要在特定的环境中才能完成。例如一架飞机要想成功飞行，就必须要有足够坚固的机翼以及强大的发动机等，但仅有上述物理组成还不足以支撑飞机的飞行，飞机的升力还需借助空气。同样的飞机在太空中是无法飞行的。由此可见，在西蒙的分析中，环境是一个至关重要的因素。

西蒙对环境做了更加细致的分析，将其分为内环境和外环境。[②]内环境即物理组成，也就是技术人工物的特性。外环境则是指技术人工物在使用过程中所处的外部环境。内外环境的划分主要是为了区别分析技术人工

---

① See Kroes P., *Technical Artefact: Creations of Mind and Matter: A Philosophy of Engineering Design*, Springer Dordrecht Heidelberg, New York, London: Springer, 2012, p.38.

② See Kroes P., *Technical Artefact: Creations of Mind and Matter: A Philosophy of Engineering Design*, Springer Dordrecht Heidelberg, New York, London: Springer, 2012, p.38.

物的两种不同路径。从外环境的角度看，一件技术人工物主要是为了完成一目的，至于其内部组成如何并不重要；从内环境的角度看，技术人工物是一个由不同特性的物质按照一定结构组成的集合体，而它能够完成何种目的是不明确的。前者是用意向性的概念进行目的论式的描述，后者则是用物理化的概念进行自然科学式的描述，这两种描述路径在工程设计中同时存在。克洛斯指出，既然两种描述方式同时存在、缺一不可，那么要想对技术人工物进行充分描述就必须同时使用两种描述方式，既要分析内环境也要描述外环境，这就必然引起一个理论难题，即如何使这两种描述互相兼容，有机统一。

为了解决这一问题，克洛斯对西蒙的理论进行了改进。克洛斯认为西蒙通过上述三个要素来分析技术人工物还不够准确完善，他在批判西蒙的基础上将部分概念做了替换。其中最显著的改进就是将目的替换成功能（function）。克洛斯认为技术人工物具有功能，但不具有目的。除此之外，克洛斯将环境替换为人类行动的背景（context of human action）。他认为并不是所有的环境都与分析技术人工物有关，只有涉及包含人类有意识的行为的环境才应纳入技术本体论分析。除了概念的转换，克洛斯与西蒙的另外一个重要区别在于西蒙使用的三个概念相互独立，即分析技术人工物需要分别考虑目的、特性、环境三要素。克洛斯使用的三个概念则相互关联，功能的实现与技术人工物的物理结构和人类行动的背景相关。通过上述概念的转换，克洛斯更加突出和明确地揭示了人的意向性在分析技术人工物性质中的作用。沿着这一思路，克洛斯很自然地得出技术人工物的双重性，即它的功能特征一方面与其物理性能有关，另一方面与人的意向性有关。

（二）克洛斯关于技术人工物概念的界定与析清

为什么克洛斯会将研究重心放在技术人工物上呢？这与当今社会的发展现状以及现代人类社会的深度技术化有着密不可分的关系。在工业革命以前，技术人工物的数量增长是一个极其缓慢的过程，其复杂性也远远达不到如今技术人工物的复杂程度。但随着工业革命的开始，科学技术的迅猛发展，随之而来的便是技术人工物数量的井喷式增长。早先人类制造技术人工物只是为了实现某些特定的目的，方便自己的生活，但随着技术人工物数量不断增多，种类不断扩大，复杂程度也不断加深，技术人工物逐渐渗透到人类生活的每一个角落，技术人工物正在形塑着人类生活本身。除了物质层面的影响，技术人工物也在无形之中影响着人们的道德决策和道德行为。某种程度上甚至可以说，现代人类的生活已经完全离不开技术人工物的存在，现代生活的正常运转正是由无数的技术人工物支撑起来的。基于此，克洛斯认为我们有必要深入研究这些由我们制造，但其发展和影响却似乎并不完全由我们控制的技术人工物。在正式研究之前，首先当然要析清技术人工物这一概念本身。克洛斯试图通过将技术人工物与自然物和社会物的对比分析来清楚界定何谓技术人工物。

在克洛斯看来，技术人工物既不同于自然物，也不同于社会物。自然物是在没有人为干预的情况下产生的，相对于自然物而言，技术人工物一定是由人所创造出来的，它的出现代表人的"意向"的实现。而自然物则与人类存在与否无关，原始森林中的花草树木即属于自然物，万物荣枯、莺飞燕舞都不以人的意志为转移。社会物和自然物不同，社会物是由人类创造出来的，这一点和技术人工物并没有区别。但是相对于社会物，技术人工物在发挥作用时一定高度依赖自己的物质组成，而社会物则并不需要如此。货币发挥作用并不依赖它具有的纸张的性质，如今电子货币大行其道，货币照样可以发挥各项职能。社会物所根本依赖的是社会共识。因此，某种意义上可以说技术人工物处于自然物与社会物之间，它一方面依赖于人的创造，一方面又依赖于自身的物理结构。克洛斯感兴趣的正是这样的技术人工物，即人类为了解决实际问题通过技术（工程）手段制造的物理实体。

从广义上来看，技术人工物的范围很大。早到远古时期智人打磨的石刀，近到苹果手机，都可以算作技术人工物。简单的技术人工物可能就是某一种材料的简单打磨或者两个物体的重新组合，例如棍子和锤子。复杂的技术人工物可能除了专业人员谁也不了解它的内部结构，例如集成芯片、个人电脑等。生物学家可以在实验室中制造出基因被修饰过的细菌，可以克隆出绵羊多莉，这些在广义上都可以算作技术人工物。当然，克洛斯的研究范围不可能这么广泛，他的研究对象主要是工程师设计制造出的产品，例如指甲刀、电灯、电脑、汽车以及飞机等。这不仅缩小了研究范围，也可以避免"划界难"的问题。前文提到技术人工物既不同于自然物，也不同于社会物，但在这三者之间划定一个明确的界限是困难的。

例如，维持交通秩序既可以采取技术手段，也可以采取社会手段，也可以双管齐下。第一种方式是制定交通规则并要求大家都遵守，在这个过程中所使用的是社会手段。交通法规就是社会物，我们可以通过社会物去维持交通秩序，这种方式没有涉及物理技术的使用。然而这种方法却不一定总是奏效，总有人不遵守交通规则。或许在未来可以使用技术手段解决这一问题，比如引入全自动驾驶汽车。当我们设计出全自动驾驶汽车并将其投放到道路上时，交通规则也就变得无足轻重。乘客坐在汽车上什么也不用做，自动汽车就能按照预先设定好的程序有秩序地将乘客送至目的地。在此过程中，自动驾驶汽车作为一种技术人工物完全按照物理法则运行，在因果律的支配下运行。自动驾驶汽车并不知道什么是交通规则，只要程序设计合理，交通就会井然有序。

目前，我们还无法广泛布置自动驾驶汽车，因此交通秩序的维护更多依赖交通信号灯。使用交通信号灯既是社会手段，也是技术手段。一方面交通信号灯颜色的转换需要依赖电力、传感器等各项技术，但另一方面人们能够按照交通信号灯的指示驾驶，同时又必须先依赖对交通规则的理解和认同。这样一个交通指挥系统既涉及技术手段，又涉及社会手段，是一个融合技术和社会因素的社会技术系统。因此，要想在技术人工物和社会物之间划定一个完全明晰的界限是很难做到的。在克洛斯看来，如果坚持要在二者之间作出明确区分，就会陷入"谷堆悖论"。我们永远无法知道哪一条标准以及执行到什么程度突然使得技术物变成了社会物，反之亦然。不仅社会物与技术人工物是这样，技术人工物与自然物的区别亦是如此，在任意二者之间进行明确划界既没有可能也没有必要，当然这并不意味着它们之间没有区别。

基于上述分析，克洛斯认为社会物与技术人工物的区别在于技术人工物根据其物理组成和物理法则来实现其功能，而社会物则基于社会规则和社会认同来实现功能。[①]这涉及两个不同的范畴，一个是物理性的概念，一个是社会性/意向性的概念。当我们在描述一个质子或者一个行星时，只需要准确地说出它的质量、形状、电荷、目前位置等要素就足以让他人理解这个对象。这一系统的运行完全受物理定律所支配。但是社会性/意向性的概念并非如此，社会性/意向性的概念通常用来描述或解释与人类有关的行为。我们不可能完全按照自然法则或物理定律来进行描述和阐释，因为人是有意向性的，人做出某一个行为不完全是物理定律支配的结

---

① See Kroes P., *Technical Artefact: Creations of Mind and Matter: A Philosophy of Engineering Design*, Springer Dordrecht Heidelberg, New York, London: Springer, 2012, p.18.

果，而往往是为了某一"目的"才做出相应的行为。这个过程中伴随人的欲望、意图和信念，这些心理状态对行为的完成起着至关重要的作用。

然而，当我们将意向性解释框架应用于物理实体时会发现它毫无意义，因为质子或行星不可能具有欲望、意图或信念。这两种不同的描述框架长期以来共存于我们对世界的认知和阐释中。但当我们用这两种描述方式去解释同一个现象时，它们有时会互不相容。这类似于心身二元论的问题，心灵和物质两种不同的描述框架同时应用于技术人工物会导致二者相互矛盾、无法兼容。但在克洛斯看来，关于技术人工物的两种描述框架和心身二元论的问题并不相同。诚然，这两种描述框架所遵循的前提和逻辑不同，但这并不意味着在描述过程中二者就一定相互对立，互不相容。克洛斯所关心的问题是这两种描述框架在逻辑上相互不连贯的问题，即针对同一个技术人工物的两种描述方式相互平行、毫不相关，二者之间如何联系和制约难以探明。因此，要想明确技术人工物在本体论意义上到底是一个什么样的存在，我们就必须首先对这两种描述的方式中所使用的概念框架进行析清。

（三）克洛斯的自然与社会概念辨析

首先，我们需要深入了解克洛斯所使用的自然或物理概念是什么。广义上看，任何物体都是自然的，人也是自然产生的。在此层面上，任何物体都属于自然物。人所设计制造出的物体归根到底也是源出于自然，区分自然物和技术人工物毫无意义。很明显，克洛斯不是在这个意义上使用自然或物理概念。克洛斯区分了两种不同的自然概念，一种是将这一概念与物体的历史联系起来，另一种是将这一概念与物体所表现出的行为类型联系起来。克洛斯正是在第一种意义上使用自然概念。如果仅仅从物体所表现出的行为类型来判断一个物体是不是自然物，那么技术人工物与自然物并无区别。在这种角度的分析下，技术人工物发挥作用依赖的是其物理属性，因此任何物理系统的运动都将被视为自然行为。这种分析看似合理，但却没有给技术人工物的功能分析和设计过程留下描述空间，该物理系统的设计过程和功能被完全无视了。因此，要区别自然物和技术人工物，就必须关注该物体的历史过程。技术人工物在发挥作用时虽然和自然物没什么不同，但技术人工物的形成过程却和自然物不尽相同。技术人工物是由人的意向行为产生的，在设计和制造过程中注入了人类的意向和计划。正是在这个意义上，克洛斯区分了自然物和技术人工物。

其次，我们还必须析清社会的或有意（intentional）的概念。克洛斯在使用这两个概念时没有做明确的区分，也就是说在他的分析框架内这两个概念可以互换。但这并不意味着这两个概念没有任何区别，只是在关于技术人工物的分析中没有必要去对这两个概念做明确区分。克洛斯使用社会的或有意的概念来指代涉及个人意向或社会集体意向的情境。基于上述两个概念的明晰，我们更加明确了自然物、技术人工物和社会物之间的区别。区分自然物（纯粹的物理实体）和技术人工物的关键在于有无功能。纯粹的物理实体或系统是无所谓功能的，例如质子和行星。但技术人工物一定有其功能，这一点和社会物没有什么区别，因为社会物同样有其特定的功能，例如货币的使用是为了方便交换，婚姻关系的存续是为了家庭的稳定。

综上所述，区分技术人工物和社会物的关键在于功能这一概念。社会物要想实现功能一定要基于人类共同遵守某一规则，例如货币要想正常发挥职能就必须基于人们对发行货币机构信用的认可，承认货币可以与其他商品进行交换。只有这样，货币才称其为货币而不仅是一张印了花的纸。但是技术人工物在功能的实现方式上与社会物不尽相同，它依赖自身的物理结构。例如一辆汽车，只要它没有损坏，驾驶者具备一定的驾驶技能，就完全可以使汽车完成载人行驶的功能，这与驾驶者对这辆汽车具有怎样的信念和愿望毫无关系。克洛斯详细地通过自然物和社会物的比较，对技术人工物这一概念做了清晰的界定，在此基础上，他逐步深入到对技术人工物本体论讨论。

（四）克洛斯对技术人工物的本体论分析

克洛斯选取了几个比较典型的技术人工物进行分析，例如爱迪生在电灯的专利申请书中所使用的描述，汽车化油器的设计说明书等。通过对众多技术人工物的分析，克洛斯指出，要想对某一技术人工物进行完整的描述，就必须同时描述其功能特性和结构特性。[1]纯功能性的描述会忽略技术人工物的物理/材料方面，而纯结构性的描述则会忽略功能方面，二者缺一不可。当然，这两种描述并不总是截然二分的，也并不是相互对立而是相辅相成的，很多时候同一描述中既包含着功能描述也包含着结构描述。基于上述分析，克洛斯提出了技术人工物的结构—功能概念，在这一概念框架下，一个技术人工物将被视为具有技术功能的物理结构或系统。技术人工物的结构—功能概念意味着，在工程实践中我们使用了两种不同的知识，即关于其结构的知识和关于其功能的知识。

这两种看上去截然不同的知识形式给克洛斯后来的分析带来了困难，但也正是结构—功能这一概念的使用使得克洛斯的理论在前人的基础上有所推进，奠定了克洛斯人工物本体论理论的基础。结构与功能二者之间的关系甚为繁难。当我们在对技术人工物的功能进行描述时，我们无法根据其功能合逻辑地推导出它的结构，因为同一功能可以由多种结构所实现。

---

① See Kroes P., *Technical Artefact: Creations of Mind and Matter: A Philosophy of Engineering Design*, Springer Dordrecht Heidelberg, New York, London: Springer, 2012, p.38.

同样，当我们描述其结构时，也无法根据其结构合逻辑地推导出它应有的功能，因为一个结构可以实现多重功能。然而，这并不意味着这两种描述方式是完全独立的，显然不是任意一种结构都可以实现某一功能。同样，某一结构也并非可以实现任何一种功能。结构与功能是密切相关的，也是相互制约的。

结构—功能概念与前述之物理的和意向的概念框架有何异同呢？克洛斯分析了前人对于功能概念的解释，认为最终都可以将其概括为两种解释模式。一是根据物理结构或物理行为来解释功能，再者是根据人类的意图来解释功能。在克洛斯看来，这两种解释模式都有其各自缺陷。从物理角度出发，解释功能无法真正区分技术人工物和自然物，人的意向性在其功能的实现中起不到任何作用。从人的意向性出发，解释功能则会导致技术人工物功能的实现完全由人的意向所决定，而忽视其物理组成。因此，克洛斯认为，要想对一个技术人工物进行完备的描述，需要一个能够将技术功能与物理结构和人类意图联系起来的功能理论。[1]换言之，技术功能具有二重性质，其属性本质上是一个关系属性，一方面与物理结构有关，另一方面与意向性有关。正是由于技术功能的这一特殊性质，技术人工物才不同于自然物和社会物。技术人工物在本体论意义上具有二重性，需要结合物理和意向性的概念框架来进行描述（如图2）。在完成本体论讨论后，克洛斯进入了技术人工物的价值讨论。他和荷兰学派的现象学传统一样，认为技术物具有一定的道德能动性。笔者将从其技术人工物二重性的角度出发，进一步阐明这一点。

---

[1] See Kroes P., *Technical Artefact: Creations of Mind and Matter: A Philosophy of Engineering Design,* Springer Dordrecht Heidelberg, New York, London: Springer, 2012, p.38.

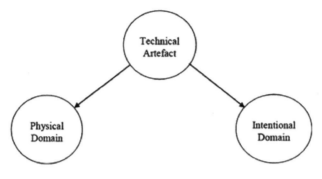

图 2　克洛斯技术人工物本体论框架

三、关于技术人工物内在价值与外在价值的辨析

（一）克洛斯对价值的分类

在技术本体论辨析之后，克洛斯进入到关于技术人工物道德地位的讨论。他在本体论讨论中明晰了技术人工物具有二重性，而二重性使得技术人工物究竟是否具备价值以及具备何种价值的讨论更显繁难。克洛斯沿着二重性这一路径做了艰深的理论探索，尝试性地提出技术人工物具有内在价值和外在最终价值。实际上，克洛斯研究技术人工物道德价值问题的缘起是为了探讨在工程中嵌入道德意向的可能，以便为具体工程设计服务。可见，克洛斯也操持道德物化观。道德物化成立的前提是技术人工物必须有可能内嵌道德意向，能够塑造使用者的道德主体性。依托其技术二重性理论，克洛斯在与技术中立论进行比较的过程中，展开自己有关技术负载道德意向性的研究和论证。他首先区分了价值的几种分类，然后在此基础上专门批驳了技术价值中立论，并提出了技术品的道德意向能力。

借鉴摩尔的工作，克洛斯首先从两个角度对价值进行最基本的分类：

（1）该价值是不是关系性的。如果价值与其他事物没有关系，即不受其他事物影响只依赖于自身固有属性的价值可以称之为"固有价值"。反之，该价值为"外在价值"。（2）该价值是不是为其自身的。如果是为其自身的价值则称为"最终价值"，反之该价值为"工具价值"。[①]基于以上两种分类，价值被划分为固有价值（非关系性的）、外在价值（关系性的）、最终价值（为其自身的）、工具价值（不为其自身的），进行两两组合就可以得到以下四种类型的价值，即固有最终价值、外在最终价值、固有工具价值、外在工具价值。通常，技术中立论的经典表述是"技术在道德上是中立的"。克洛斯认为，当且仅当技术人工物不内嵌道德意向时，我们可以认为该物在道德上是中立的。因此，这句话的表述可以改为技术人工物不能体现或包含道德价值。既然道德价值可以分为四种，那么要想论证技术中立论的错误，只需要说明技术负载某一种价值意向即可。

首先，克洛斯认为，工具价值并非真正的价值，因此讨论技术人工物是否具有工具价值毫无意义。[②]在他看来，如果说 X 在某一方面是有价值的，那么就意味着一个人有理由对 X 作出积极的反应。就工具价值而言，关键问题在于考察一个对象本身的工具价值是否为其提供了某种积极回应的理由。克洛斯举了刀的例子，刀的工具价值并不能成为它被用来切割的充分理由。只有当我们想切东西的时候，刀的工具价值才是用它来切割的理由。因此，工具价值不能与理由直接联系在一起，即它并不总是意味着一个人有理由对 X 作出积极的反应。克洛斯认为，这可以作为一个

---

① See Kroes P., Verbeek P. P., *The Moral Status of Technical Artefacts*, London: Springer, 2014, p.106.

② See Kroes P., Verbeek P. P., *The Moral Status of Technical Artefacts*, London: Springer, 2014, pp.107–109.

强有力的论据证明工具价值不是真正的价值。

（二）技术人工物的固有最终价值

除上述之外，克洛斯还论述了技术人工物是否有可能具有固有最终价值。[①]在这一点上，克洛斯认同技术中立论的看法，即技术人工物不具有固有最终价值，但其讨论路径与技术中立论并不完全相同。克洛斯认为，技术人工物可以被描述为具有实用功能的物理对象，即这一物理对象必须是一个人造的用以实现特定目的的物理结构。但并不是人类制造的任何物理构造都是技术人工物。技术人工物一个很重要的要素是这种物理构造必须是被制造出来做某事的，有特定的技术功能。二重性理论说明物理结构和功能共同构成技术人工物，它是一个具有物理和功能特性的混合存在物。我们可以说物理特性是技术人工物的固有特性，但对于其功能特性而言，很难说功能特性也是固有特性。一方面，它的功能特性与其固有的物理特性有关，因为要想成为技术人工物，其物理结构必须实现其功能。但另一方面，功能特性与人的意图有着密不可分的关系，只有与人类的意图发生关系，技术人工物才具有功能。

克洛斯在这一问题上还做了更为细致的区分，他认为设计师的意向（不是用户的意向）是使得某一技术人工物成为某一特定种类技术人工物的原因。然而，不管是设计者抑或是用户的意向在其中起作用，作为一个技术人工物而言，它必然既包含固有（内在）属性，也包含关系属性。根据二重性质的解释，技术人工物不能仅仅从其固有（内在）物理属性的角度来进行描述或理解，而且更为重要的是，将技术人工物与单纯的物理对象区别开来的恰恰是它所拥有的一些关系性外在属性。然而，这样的

---

① See Kroes P., Verbeek P. P., *The Moral Status of Technical Artefacts*, London: Springer, 2014, pp.110-111.

外在属性不能成为技术产品任何固有（内在）最终价值的基础。也就是说，如果要论证一个技术人工物具有固有最终价值，就只能以其物理特性为基础进行论证。因此，可能的进路是论证物理对象具有固有最终价值，但这不合常识。所以，在关于固有最终价值的讨论上，克洛斯并不反对技术中立论，但他认为在这一层面上讨论技术人工物的道德价值问题没有太大意义，因为它忽略了使它们成为技术人工物的更为重要的外在特征（功能）。

（三）技术人工物的外在最终价值

最后，克洛斯讨论了技术人工物是否可能具有"外在最终价值"。[①]如果这一技术人工物也不具有这一价值，那么技术人工物确实不内嵌任何道德价值。如具有这一价值，道德物化思路就成为可能。克洛斯承认外在最终价值这一概念是存在争议的，但该价值的"存在"应该是清楚明白的。他举了两类例子来说明这一点。设想有一张年代久远且很稀有的邮票，毫无疑问这张邮票会比其他普通的邮票更加有价值。而这一价值取决于它的稀有性。所谓稀有性，无非是指它是仅存的一个或几个样本之一。稀有性并不是固有（内在）属性，它体现的是一种关系属性。此外，有些物品之所以具有价值，仅仅是因为它和特定的人有关。例如父亲临终前遗留的全家福。也许它在市场上并不值钱，但由于它是家传的，因此也具有了特定的价值。上述这两类例子都表明外在最终价值是存在的。

综上所述，克洛斯通过对四种价值的辨析证明技术人工物具有外在最终价值。在克洛斯看来，技术人工物的设计属性可以构成拥有道德外在最终价值的理论基础。但要注意的是，并非所有的技术人工物都体现外在

---

① See Kroes P., Verbeek P. P., *The Moral Status of Technical Artefacts*, London: Springer, 2014, pp.111-112.

最终价值。它仅仅意味着技术人工物可以体现道德价值，而且这一价值可以通过设计来实现。同时，即使该技术人工物包含外在最终价值，也并不意味着这些包含外在最终价值的技术人工物在实践中总是能够实现这些价值，它的实现还要取决于与实际使用环境相关的那些外在/关系属性。因此，克洛斯承认技术人工物拥有的外在最终价值仅意味着工程师可以将特定的价值意向通过设计嵌入技术人工物之中。

通过上述内容的阐释，笔者说明了克洛斯在何种意义上承认了技术人工物外在最终价值的存在。与此同时，克洛斯也认为技术人工物具有内在（inherent）价值。这一观点是在技术人工物具有结构和功能二重属性的基础上进行论证的。克洛斯认为，既然技术人工物定义必然要涉及功能这一关系属性，如果仍要坚持技术人工物具有固有价值是不合适的。但与此同时，技术人工物的定义中又必须有结构这一固有属性的存在，说技术人工物所具有的价值是"纯粹"外在的（extrinsic）似乎也不合适。在此，克洛斯在经过艰深的理论探索之后又提出内在价值概念。

从克洛斯对内在价值的分析可以看出，这一概念具有某种双重意义，它一方面意味着技术人工物所具有的价值意向部分由其自身物理特性决定，另一方面又不排斥其关系属性，即还必须考虑到人的意向性在其中所起到的作用。内在价值体现出一种折中性，表明这一价值既离不开技术人工物固有的结构属性，也离不开技术人工物定义中的功能属性。

回顾克洛斯对外在最终价值的分析，我们可以看出其实外在最终价值也体现了折中性。既然外在，则意味着允许关系属性的存在，既然是最终价值，则意味着这一价值是为其自身的。基于以上分析，克洛斯认为技术人工物具备价值是毫无争议的，但就具有何种价值克洛斯提出了两种观点。细究起来，这两种观点其实并不矛盾。因为技术人工物具有二重性，所以对其进行分析必须涉及技术人工物本身与人的关系。因此，技术人工物不可能具有固有最终价值，而只可能具有"外在"最终价值。同样，也正是因为技术人工物的二重性，不可能具有"纯粹"外在和完全固有的价值，用一个具有折中性的"内在价值"来描述也差强人意。

四、关于技术人工物价值敏感设计的探索

（一）克洛斯价值分析的道德物化诉求

克洛斯之所以要探明技术人工物究竟是否可能负载价值以及负载何种价值，主要是为研究价值敏感设计服务。克洛斯明确了技术人工物具有价值属性，他希望通过对技术人工物价值问题的考察从而实现道德物化的目的，通过技术的设计和使用来规范人的道德行为。这和后现象学派的基本观点是一致的，只是其分析路径不同。在克洛斯看来，不论是外在最终价值还是内在价值都是关系性的，都和人的意向性直接相关，人的意向性是技术人工物的构成性部分，并没有脱离人的技术存在。这是其最为深刻的本体论洞见。在此基础上，他进一步考察如何通过技术人工物的设计来实践道德。首先，我们需要明确技术嵌入道德意向与其按照预期体现出工程师所期待的意图是有区别的。其次，拥有价值与实现价值也有根本差别。技术人工物具有意向性并不意味着它最终所实现的功能一定是我们所期待的，某物拥有价值也并不意味着该物在任何情况下都能实现其价值，它们的实现很大程度上受到具体使用环境的影响。只要在某种特定环境下技术人工物有可能实现预期嵌入的价值，就说明道德物化是可行的。

（二）道德物化的困难

克洛斯认为只要满足以下两个条件，技术人工物的设计属性就可以构成实现道德价值的基础：（1）该技术人工物的设计属性在适当的环境下有达到或有助于达到某种道德价值的潜能；（2）该技术人工物是为达到这一道德价值而设计的。[①]这两个条件看似简单，但困难在于说明技术品预设的价值、拥有的价值和实现的价值三者之间如何关联。条件二说明要想证明技术人工物的设计属性可以构成实现其道德价值的结果基础，就必须证明这一技术人工物事先就是为达到某种预设的价值而设计的。这一预设的价值是不是其自身拥有的价值以及最终实现的价值呢？这是一个亟待解决的问题。

弄清技术人工物是否最终准确地实现其预设的价值必须依靠某种检验手段。工程师在设计阶段会以特定的技术方式将某种价值内嵌于技术人工物中，当该技术被错误使用时，我们就可以追溯到说明书来评价这一使用是否恰当。但这一评价思路并不完美。这一策略要求我们必须预设工程师有一个明确的使用计划，只有当技术人工物完全按照该计划发挥作用时，其实现价值和预期价值之间的关系才可追溯。显然这是一个理想情境。在具体的使用过程中，用户常会受到周边环境的影响，并不总是完全按照工程师所预设的使用计划来使用技术。也就是说，决定具体实现什么价值的情境可能比最初设计的特性和使用规则对技术价值的实现更为重要，同一个技术人工物有可能在不同的环境中实现完全不同的价值。

可见，道德物化真正操作起来并不容易，工程师的价值意向并不一定能够完全通过技术实现出来。价值敏感设计的本意是想通过设计使得价值

[①] See Kroes P., Verbeek P. P., *The Moral Status of Technical Artefacts*, London: Springer, 2014, p.118.

在技术使用中实现出来，使得技术人工物的意向通过设计尽量贴近工程师的意向。然而，考虑到不同技术人工物所使用环境的不同，这一预期是否可以稳定地被实现并不完全可控。例如工程师在设计汽车的时候会赋予汽车诸多属性，这些设计内嵌的重要价值是否能在驾驶使用过程中实现出来十分重要。这里我们可以对设计属性再做一个更为细致的区分，即有意的（意向性）设计属性和无意的设计属性。有意的（意向性）设计属性即工程师故意设计的，希望能在具体实践时被体现出的属性。而无意的设计属性指工程师并未在设计时有意嵌入，但在具体的实践过程中因其自身特性自然展现的价值。汽车在运行过程中会排放尾气，而尾气的排放必然污染环境，但污染环境这一特性既不是工程师所预期的，也不是使用者所希望的，这是由发动机自身物理特性决定的。

再例如工程师设计制造空调的原意是为了让人获得适宜的温度，在夏天降低室温，让人们有一个凉爽的生活和工作环境。然而，在空调的实际使用过程中，氟利昂泄漏会导致臭氧空洞，从而导致臭氧层对紫外线阻挡减弱，太阳辐射的热量直达地球表面，最终加剧全球气候变暖。最初空调的设计和使用是为了降低温度，然而却在使用过程中间接地导致了气温升高。可见，技术人工物在实际使用过程中常产生设计阶段并未意料到的结果。某些技术人工物所体现出的意向性完全违背了工程师的意图。这些无意的设计属性或"意外"的意向并不是克洛斯研究的重点，在关于技术人工物道德物化的讨论中，真正需要关注的是意向性设计属性。只有聚焦于意向性的设计属性，价值敏感设计才现实可行。综合以上分析，要想让道德物化所预设的价值变得可追溯，使其在实际使用中能被稳定地体现，必须保证该技术被正确使用。

（三）克洛斯价值分析对道德物化的启发

为了明确有意嵌入的价值究竟如何在使用中被稳定地体现出来，我们再来看两个例子。现今所有工地管理都要求施工者佩戴安全帽，安全帽的作用是保护施工者免受掉落物体的侵害。很明显，这有助于实现一种道德价值，即保证施工者的生命安全。这一价值在克洛斯看来可以被视为最终价值。与此同时，保证施工者的安全毫无疑问也是安全帽的功能。在安全帽的例子中，其功能（抵御掉落物体对工人身体的伤害）与价值（保护工人的生命安全）是很难区分的。当然，并不是所有技术人工物都是如此。例如筷子的功能是夹菜，人们通过筷子可以更方便地夹起饭菜，从而维持生活和健康。然而，维持人体健康这样一个最终价值很明显并不是筷子的功能。所以，虽然筷子有助于某种最终价值的实现，但其所能实现的功能和通过功能可以实现的最终价值可以被清晰地区分开。

通过以上分析以及对具体实例的考察，我们可以确定有些技术人工物（例如安全帽）的外部最终价值与其功能是密不可分的。因此，通过设计技术人工物的某些属性可以使得这些设计属性构成外在最终价值的结果基础。也就是说，我们可以通过价值敏感设计使得技术人工物直接体现工程师预设的价值，符合工程师的意向。在此过程中，工程师必须有能力预测他所设计的技术人工物未来可能的使用环境和方式，并充分考虑它们将如何影响价值的实现。不可回避的是，无论工程师的价值意向有多强，现实使用都可能与其颇有出入，让工程师在设计阶段就精确地预测并规定如何使用技术是困难的。然而，困难并不意味着这项工作完全没有意义，工程师应该努力预先设想实际情况下技术品的使用方式、环境和可能实现的价值，只有这样才能够实现道德物化，将价值通过物的布置和流行实现出来。

五、结论

本章详细介绍了克洛斯关于技术人工物的基本观点。克洛斯明确反对技术中立论，认为技术具备外在最终价值和内在价值。技术品有二重性，在本体论意义上是人的意向性和物理结构共同构成的复合体。在此基础上，他说明了技术人工物具有意向性，可以通过设计内嵌价值并在实际的使用过程中实现该价值。克洛斯的技术本体论分析实际目的是为其道德物化的工程伦理观提供哲学基础，作为荷兰学派的代表哲学家，他和其他成员一样，具有极为强烈的现实关怀，技术活动在他眼中是人和世界交往的重要方式。在下一章中，笔者将从理论走入实践，通过技术意向性概念来对特斯拉自动辅助驾驶进行案例研究，以此加深我们对人类深度技术生存处境的理解。

第六章

自动驾驶体验的意向性分析——以特斯拉汽车为例

在前几章中，笔者比较系统地介绍技术意向性概念。从海德格尔的此在分析开始，意向性概念在后现象学技术哲学和分析技术哲学中都发挥了重要作用。在完成意向性概念的分析之后，本章笔者将使用这一概念来分析特斯拉汽车自动辅助驾驶功能。技术哲学研究不能仅仅停留在概念澄清层面，它必然要落脚在具体的技术实践之中。考虑到特斯拉汽车在中国销量陡增，越来越多的消费者驾驶该公司汽车。其辅助自动驾驶功能所导致的交通事故频发，导致市场监管总局、中央网信办、工业和信息化部、交通运输部、应急管理部消防救援局一同约谈了特斯拉，旨在督促其进一步提高其驾驶安全性。在此背景下，笔者通过技术哲学视角研究特斯拉汽车驾驶具有紧迫的现实意义。

一、电动汽车发展史

无人驾驶的研发历史可追溯到20世纪20年代。1925年8月，美国陆军电子工程师弗朗西斯·P.霍迪尼（Francis P.Houdina）及其团队研制出人类历史上有证可查的第一辆"无人驾驶汽车"。[1]这辆车被加装了无线电天线、驱动方向盘、制动器、加速器和小型马达，这些使得它得以依靠着另一辆汽车发出的信号，从百老汇开到第五大道。不过这谈不上自动驾驶汽车，它更像是遥控汽车，并没有摆脱人的控制。1939年世界博览会上，通用公司展示了世界上第一款无人驾驶概念车"Futurama"。在展览上，诺曼·贝尔·盖德斯（Norman Bel Geddes）提出对于未来城市的规划愿

---

① 参见向阳：《驶向未来的无人驾驶汽车》，载《科学24小时》2016年第5期。

景——用内设电缆的自动化高速公路连接城市和周围社区。人们乘坐无人驾驶汽车，解放双手，安全有效地到达目的地。[①]这一想法吸引了数百万人的追捧。研究人员将研究重心放在智能化道路而不是智能化汽车的研发上。通用汽车公司和内布拉斯加州合作，曾在1958年成功测试了一条约122米、配备了电子电路的自动化高速公路。大约在同一时间，英国运输和道路研究实验室的官员开始试用自己的无人驾驶汽车系统。后该项目在政府选择停止资助后被取消。由于改造道路的成本过高且后期维护异常烦琐，20世纪60年代之后，研发工作者将注意力重新转到对智能化汽车的研发上来。1977年，日本筑波机械工程实验室做了开创性的尝试。其所开发的新汽车并不依靠外部道路技术，而凭借机器视觉（给车辆装配摄像头来检测实时环境）进行驾驶。彼时该车能以约每小时32公里的速度运行。这是所知的最早将"视觉"赋予无人驾驶汽车的尝试。[②]

此后无人驾驶汽车技术得到长足发展。1986年，卡内基梅隆机器人研究所研发了NavLab-1无人驾驶汽车，其在典型结构化道路上运行速度为每小时28公里。1997年，该研究所研发的NavLab-5首次进行横穿美国大陆的长途自主驾驶实验，其自主驾驶行程为4496公里，占总行程的98.1%，最高车速达每小时102公里。[③]1998年，意大利Parma大学研发ARGO试验车，该车沿着意大利的高速公路进行了2000公里的道路试验，自主驾驶里程达到总里程的94%，最高车速达每小时112公里。[④]时至今日，无

---

① See Morshed Adnan Zillur, "The Aviator's (re) vision of the World: an Aesthetics of Ascension in Norman Bel Geddes's Futurama", PhD diss., Massachusetts Institute of Technology, 2001.

② 参见向阳：《驶向未来的无人驾驶汽车》，载《科学24小时》2016年第5期。

③ 参见清华大学计算机系–中国工程科技知识中心：《自动驾驶与人工智能研究报告》（2018）。

④ See Broggi A., *Automatic Vehicle Guidance: the Experience of the ARGO Autonomous Vehicle*, World Scientific, 1999.

人驾驶技术突飞猛进，不少发达国家对该技术的发展倾力支持。

2015年5月，由我国国务院正式印发的《中国制造2025》国家行动纲领将自动驾驶汽车放置在"机器人领域"十大重点推动领域。[1]2016年3月，我国《"十三五"汽车工业发展规划意见》出台，该规划要求在"十三五"期间建立汽车产业创新体系，积极发展智能网联汽车。2016年6月，工业和信息化部批准的国内首个"国家智能网联汽车（上海）试点示范区"封闭测试区正式开园运营。中国人工智能学会发布的《中国人工智能系列白皮书-智能驾驶2017》明确指出，无人驾驶车辆是新一轮科技革命背景下的新兴技术，将是汽车行业一次重大改革和升级。[2]

"八五"期间，南京理工大学、北京理工大学、清华大学、浙江大学和国防科技大学等多院校联合研制出了我国第一辆具有自主识别功能的ATB-1无人驾驶车辆。其在结构化道路自主行驶的最高速度为每小时21.6公里，在弯路及避障速度为每小时12公里，标志着我国无人驾驶研究的正式展开。2011年，国防科技大学研制的"红旗HQ3"自动驾驶汽车顺利完成了全程为286公里的从长沙到武汉的高速全程无人驾驶试验，实测全程自主驾驶平均时速为87公里，这是我国自主研制的无人车在复杂交通情况下驾驶的新纪录。[3]

在民用领域，2016年9月1日，百度获得美国加州政府颁发的全球第15张无人车上路测试牌照。[4]同一时段，国内其他互联网公司以及传统汽车

---

① 参见《国务院关于印发〈中国制造2025〉的通知》，载中央人民政府网，http://www.gov.cn/zhengce/content/2015-05/19/content_9784.htm。

② 参见中国人工智能学会：《中国人工智能系列白皮书-智能驾驶2017》。

③ 参见戴斌、聂一鸣、孙振平、安向京：《地面无人驾驶技术现状及应用》，载《汽车与安全》2012年第3期。

④ 参见阮晓东：《扫描19家获加州无人驾驶牌照的公司》，载《新经济导刊》2016年第12期。

企业也纷纷部署无人驾驶车辆技术发展规划。2017年，百度和博世共同开发基于Apollo技术的自动驾驶汽车，并在百度 AI 开发者大会上驶入五环。之后，百度与微软宣布联手进行自动驾驶的全球技术开发与推广。我国自动驾驶无人汽车发展到如今已有多家公司参与。除百度外，蔚来、小马智行、滴滴出行、车和家等公司都开展了自动驾驶研究。

无人驾驶汽车根据其描述重点不同有不同的定义。《中国制造2025》将智能网联汽车定义为搭载先进车载传感器、控制器、执行器等装置，融合现代通信与网络技术，具备复杂环境感知、智能化决策、自动化控制功能的车辆。这一车辆能与外部节点间实现信息共享与控制协同，达到安全、高效、经济行驶，实现交通方面"零伤亡、零拥堵"。可见，无人驾驶汽车是一种可以通过计算机实现无人驾驶的新型智能化汽车，它所涵盖的技术包括但不限于人工智能技术、雷达、数学计算、大数据、监控设备等。目前，针对无人驾驶车辆尚无统一称呼。美国称其为自动驾驶汽车，英国称其为联网自动驾驶汽车，国内称其为智能网联汽车。本章统一称之为无人驾驶汽车。参照国际自动机工程师学会（SAE International）的分级标准，并依据系统的智能程度，可对自动驾驶作如下（表1）分级：[①]

表1　自动驾驶技术等级与特征

技术等级	特征
无自动化阶段（L0）	不具备任何自动驾驶的功能，驾驶员完全操控车辆
驾驶支持阶段（L1）	由智能系统执行加减速和方向盘中的一项与车辆控制相关的驾驶子任务，其他驾驶任务由驾驶员负责

① 相关分级标准可参见：https://www.sae.org/news/2019/01/sae-updates-j3016-automated-driving-graphic。

技术等级	特征
有条件自动驾驶阶段（L2）	由智能系统执行加减速和方向盘中的多项与车辆控制相关的驾驶子任务，其他驾驶任务由驾驶员负责
附带条件的驾驶自动化（L3）	在限定道路和环境条件下，自动驾驶系统实施全部驾驶任务。自动驾驶系统工作出现困难时，期待驾驶员接管
高度自动化阶段（L4）	自动驾驶系统在限定道路和环境条件下进行完全自动驾驶。自动驾驶系统工作遭遇困难时，不期待驾驶员接管
完全驾驶自动化（L5）	在所有驾驶员可应付的道路和环境条件下均可以由自动驾驶系统自主驾驶。如需要，驾驶员可接管

一般所说的自动驾驶系统通常指在3~5层级的应用。随着层级的提高，对系统的要求也随之提高。严格地讲，自动驾驶不等于无人驾驶，无人驾驶为自动驾驶的最高级，只有当车辆驾驶实现完全自动化（L5阶段），才可称其为无人驾驶汽车。目前所谓的自动驾驶都仅仅停留在高级辅助驾驶阶段。

无人驾驶汽车的总体结构有两种设计方案。一种是使用电动机和无人机传感器修改当前特定车型。另一种是完全放弃传统汽车结构，完全从自动驾驶的逻辑来设计汽车。谷歌的无人驾驶汽车对这两种方案都有涉及。谷歌公司在改造车上使用了毫米波雷达、摄像头、激光雷达和其他环境感知设备。前后保险杠上配备四个用来探测远处障碍物的雷达和视觉系统。前轮一侧装有侧面激光雷达，雷达和视觉系统用以探测周遭环境。车顶安有激光雷达，用于实时构建周围三维度环境模型。此外，加上GPS定位可以获得车辆的海量信息。①在行驶过程中，车载传感器将信息发送到车载计算机，通过车载计算机的计算输出控制，实现无人驾驶。

特斯拉并没有采取谷歌的激光雷达作为感知模块主导，与之相对，特斯拉是将摄像头作为感知模块的主导，强调视觉优先性。摄像头其实是最接近人眼获取环境习惯的传感器，有较稳定的图像处理能力，但在例如下雨、起雾等恶劣环境中，它的辨识率则大大下降。激光雷达通过发射激光束来探测物体，具有抗干扰能力强、探测精准等优点。但激光雷达成本和技术门槛远远高于摄像头。笔者将在文中专门讨论这种取舍背后的逻辑。本章笔者将主要以特斯拉公司的无人驾驶为例来考察该技术对驾驶体验的调节作用。之所以选择特斯拉，其原因主要有三。

第一，特斯拉是目前市面上以无人驾驶作为营销焦点的最具代表性的公司，其CEO伊伦·马斯克（Elon Musk）多次在新闻媒体和自己的推特账户上发表对无人驾驶的看法。马斯克曾扬言在2020年底实现L5级别的无人驾驶，在宣传中多次提出Model 3汽车前挡风玻璃处面向驾驶舱处的摄像头是为了实现无人出租载客之用，自信无人驾驶出租车将很快成为常态。特斯拉给人营造了一种全自动无人驾驶近在眼前的感受，值得特别考察。第二，特斯拉是目前真正意义上民用量产的电动汽车厂商，其软件和硬件统一设计，整体的完成度很强。2019年，特斯拉电动汽车在北美市场销售了83875辆，已经成为消费者最喜欢的汽车品牌之一。随着上海工厂的建立，2020年上半年，特斯拉在全球范围内一共销售了17.9万辆汽车，超过了雷诺-日产、大众和比亚迪电动车销量的总和，并在全球累计

---

① See "Introducing the 5th-generation Waymo Driver: Informed by experience, designed for scale, engineered to tackle more environments", https://blog.waymo.com/2020/03/introducing-5th-generation-waymo-driver.html.

了36214万公里的行驶里程。[①]可见，特斯拉电动汽车已经成为消费级汽车市场上的一支劲旅。相较之下，谷歌和百度的无人汽车尚未真正量产。第三，特斯拉汽车上市以来已经造成多起交通事故，引起一系列诉讼。随着特斯拉公司上海工厂的全面开工，越来越多的中国人开上特斯拉汽车，专注考察特斯拉汽车的驾驶安全性有重要的理论与现实意义。

二、自动驾驶的意向性分析方法

前文已经说明，技术意向性不是技术的一个功能或一个属性，而指向一个根本的本体论，即技术和人在实践生活中是高度互构的。概言之，技术意向性概念有两个层面的现实意义。

第一，技术意向性研究提示我们考察工程设计阶段将何种价值嵌入了技术。这又可具体再一分为二。一是考察工程师如何去想象特定技术，企业家通过何种媒体来表达这种工程想象。马斯克既是一名工程师，也是一名企业家，这一个作者式的企业家将自己的工程师身份进行媒体塑造，将自身营销成了品牌代言人，进而将工程理想人格化。这已经将特定的价值嵌入对无人驾驶汽车的想象之中去。这样一来，人们对特斯拉无人驾驶汽车产生了一种价值认同，认为它代表了未来的走向和环保的生活方式等，甚至将马斯克所构造的疯狂而虔诚的工程蓝图投射到自己的购买行为中去，认为支持购买特斯拉就是支持改变人类庸常的理想。二是工程设计本身也通过各种算法和硬件的选择植入了特定的价值。例如特斯拉对深度神

---

① See "Tesla Vehicle Deliveries and Autopilot Mileage Statistics", https://lexfridman.com/tesla-autopilot-miles-and-vehicles/.

经网络学习算法的选择，对视觉系统的偏好，以及放弃超声雷达系统等背后就有一套特定的价值选择逻辑。

第二，技术意向性提示我们考察技术在具体使用过程中对人的经验的影响。这一影响并不完全由其设计的内嵌价值所产生，同时也因人与汽车软硬件在不同具体环境下的互动所不同。大量的人机互动活动无法在设计阶段进行充分考虑，其活动本身带有很强的随机性和多变性，在驾驶过程中即时生成。特斯拉的软件系统允许它不断学习驾驶者的驾驶习惯、优化视觉分析等。这一过程究竟对于驾驶安全有何种具体影响，尚无法在实验室内进行充分研究。它要求对大量的实况驾驶数据进行积累、处理与分析。传统的工具观往往将技术理解为已完成的工具，交与人按照自己的意图来使用。无人驾驶汽车严格上讲是一个尚未完成的工具，它每时每刻都在进行学习与调整。这包括能够知觉到的交互界面和具体功能的不断更新调整，不易察觉的算法和相应内在交通逻辑的微妙变化，而人的使用方式和驾驶习惯也随着汽车的变化自觉不自觉地进行调试。这不仅包括具体肢体和某一感官上的直接变化，也包括"全身体性"对驾驶体会的深刻转变。可见，意向性概念对于分析特斯拉驾驶体验十分有益。尤其在对驾驶事故的分析中，意向性概念能够帮助揭示更深层次的现实。

相较而言，传统法律和道德框架通常只是考察具体事故之后所牵涉的道德和法律责任的分配问题，其辨析的核心问题在于事故发生一瞬间的决策情况。在多起致命事故中，人们专注于考察在事故发生前十秒驾驶员和自动辅助驾驶系统之间的互动，即在什么时间、什么地点，汽车和驾驶员发生了何种状况进而导致何种后果。例如汽车监控系统发现驾驶员在汽车发生碰撞的前十几秒钟，未能按照要求将手放在方向盘上，驾驶员也未能及时介入驾驶，汽车的视觉系统和雷达都未能成功检测到危险，继而发生了剧烈的碰撞，导致事故发生。这种典型描述特别强调对事发瞬间的背景

（包括地点、时间、位置、车速乃至于天气）、驾驶员和自动辅助系统状态及其互动进行细致的介绍。这种做法比较符合人们的道德纠责直觉，即考察事故一瞬间谁作为道德主体进行决策的问题。这一特定时间点的考察当然是不可或缺的，但只讨论这一特定时间点是不够的。从技术意向性角度来看，我们必须拓展对无人驾驶汽车的时间性认识。它要求我们不仅专注于"瞬间"，而且必须对技术的宣传、设计以及使用都进行充分考察。这一考察首先要求我们放弃特定的价值和理论想象，对在驾驶行为中的能动性进行精确的描述，在此基础上才能进一步评价其安全性问题。自动驾驶经验的现象学考察因此包含三个方面：一是考察特斯拉自动驾驶营销逻辑中的内嵌价值；二是考察自动驾驶内在的软件和硬件设计的价值逻辑；三是考察人们在驾驶过程中人机互动的情况。这三个方面都调节了人的驾驶体验，亟待得到准确描述，以下笔者将逐一介绍。

三、自动驾驶营销意向性分析

（一）未来叙事的意向性

特斯拉始终致力于打造工程师解放人类的无人驾驶意向。虽然特斯拉选择了在线直销模式，排除了经销商投入市场营销的步骤，但围绕特斯拉CEO马斯克的新闻从未间断。一定程度上，特斯拉并没有采取传统的广告投入模式，在电视和网络上几乎看不到传统意义上的特斯拉广告。[①]不过，马斯克的个人行为，包括他在推特上的言论都被各大媒体追捧，按照

---

① 参见Katie Fehrenbacher，朴成奎：《特斯拉不会为广告付费》，载《企业文化》2016年第5期。

新闻而非广告的方式进行报道，其所营造起来的公共形象超越了一般意义上人们对作为一种商品的汽车的理解。汽车不再仅仅是一个便捷的交通工具，它和马斯克的人格紧紧绑缚在一起。人们热烈谈论他的火箭回收、脑机接口计划等，并将特斯拉电动汽车放在这一大情境下进行理解，将其看成是引领人类未来时代的一项雄心勃勃的计划。

在此背景下，特斯拉一直在努力打造其未来驾驶的科幻气质。通过套现未来的方式来销售汽车，这必然要求它在品牌推广上特别重视对无人驾驶概念的推广。特斯拉网站上用醒目的文字提醒消费者，其汽车具有完全自动驾驶能力。即使现在还没有实现完全自动驾驶功能，但是每一台车都具备完全自动驾驶的硬件要求，所要做的无非就是进行软件更新。实际上，辅助驾驶的命名将影响消费者对汽车自动程度的期待。[1]在多起致命的车祸中，驾驶员可能过于信任了汽车的自动驾驶能力。[2]YouTube上大量视频显示，有车主在驾驶时昏睡，甚至坐在车后座上让汽车完全无人驾驶。我们不能简单地将这些行为归咎于驾驶员的疏忽，尤其不能期望所有人都会逐字逐句阅读说明书。人们对所谓自动驾驶汽车的性能和驾驶倾向，很大程度上是从媒体所营造的宏大气氛中获得的。如果不能在这种媒体气氛中进行明确提示，在网站订购过程中进行必要的引

---

① See Abraham H., Seppelt B., Mehler B. & Reimer B., " What's in a Name: Vehicle Technology Branding & Consumer Expectations for Automation ", in Proceedings of the 9th International Conference on Automotive User Interfaces and Interactive Vehicular Applications, 2017(09).

② See Kundinger T., Wintersberger P. & Riener A, " Trust in Automated Driving: The Sleeping Pill of Tomorrow ? ", in Extended Abstracts of the 2019 CHI Conference on Human Factors in Computing Systems, 2019; Holländer K., Wintersberger P. & Butz A., " Overtrust in External Cues of Automated Vehicles: an Experimental Investigation ", in Proceedings of the 11th International Conference on Automotive User Interfaces and Interactive Vehicular Applications, 2019.

导，就很难避免一些消费者高估特斯拉自动辅助驾驶性能。

实际上，特斯拉自动驾驶的软件成熟度并不突出，仅达L2级，离真正的全自动无人驾驶还有相当距离，[①]其真实的情况并不像马斯克多次预言的那样会在一两年以内充分实现L5级自动驾驶。问题的关键是，如果特斯拉所营造的未来驾驶意向不能得到反思和纠正，驾驶员可能倾向于冒险驾驶。马斯克多次在演示自动辅助驾驶功能时将双手脱离方向盘，通过这种行动来引起媒体效应。而实际上，特斯拉汽车说明书明确要求在任何时候都不应将双手脱离方向盘。马斯克明显错误的示范营造出一种驾驶未来科技"很酷"的感觉。在中国，特斯拉车主整体比较年轻，对新技术的接受度比较高，在寻找"酷炫"的偏好诱导下，可能倾向于危险驾驶。这主要是因为营销将驾驶这一工具性行动自身赋予了内在价值，驾驶的不再是交通工具，驾驶的无人化意向本身就值得购买。这导致了技术体验发生令人瞩目的调整。我们不能简单地认为驾驶员违背了说明书的要求，危险驾驶才导致事故发生。这需要我们进一步从意向性角度分析驾驶员、汽车与说明书之间的交互关系。

（二）何谓说明书行为

所谓说明书行为，指的是驾驶员根据说明书可以就驾驶情况进行评价的行为。说明书由一系列功能说明和操作规范组成。驾驶员可以遵守也可以违背说明书所规定的驾驶要求，其正确与错误都可以通过对说明书的回溯得到说明。在说明书行为中，人们预设一种规范性看法，即将说明书看成一种纠责的解决方案。所有按照说明书驾驶但仍然引起事故的，应该由

---

① See Dikmen M. & Burns C. M.," Autonomous Driving in the Real World: Experiences with Tesla Autopilot and Summon ", in Proceedings of the 8th International Conference on Automotive User Interfaces and Interactive Vehicular Applications, 2016.

特斯拉承担道德和法律的主要责任。所有违背说明书要求的驾驶行为所造成的后果，应该主要甚至全部都由驾驶员负责。说明书逻辑预设了一个特定的主体性概念，即认为一个健全的人一方面有能力理解并按照说明书的要求去驾驶，另一方面他也应当如此，因为这将保障他和别人的生命安全。

但实际情况并非如此简单。我们必须先区分现实中的可操作性和概率上的可能性。前一章所讨论的道德物化思路提示我们，很多"可能的行为"欠缺必要的物质和精神条件去在现实中充分践行。例如将一个孩子放在充满糖果的房间，给他一本《生存指南》，明确要求他不能吃糖果，否则将会受到惩罚。在这种情况下，虽然孩子能够理解指令，也能够在坚强的意志的规范下不去吃糖果，但是我们很难仅仅将孩子对《生存指南》的遵守当作道德究责的唯一标准。我们势必要反思孩子所处的物质情境对其道德能动性的影响。在有些情况下，我们甚至认为孩子偷吃了糖果是可以原谅的，甚至是可以理解的。在此，道德究责的基本原则已经发生了微妙的变化，我们似乎不再将个体的自治当作唯一的判罚标准。类似的，我们要问，假如无人汽车的宣传、功能设计和用户交互体验非常容易令人放松警惕，违背说明书的要求，即使这不是设计者的初衷，我们也仍然必须对驾驶员所处的物质情境进行反思。如果道德能动性是由人和物互构的，道德评价就不能完全把责任归咎于人。因此，对说明书的遵守与否在后现象学的视角下不应该是问题考察的终点。我们恰恰要把说明书放入一个更加广阔的物质背景中进行考察，研究说明书标准在何种情况下才能被称作是适当裁决责任归属的文本。

（三）调整特斯拉汽车的误导性营销

迄今为止，特斯拉涉嫌虚假宣传的问题已经在全世界范围内引起了高度的关注，特斯拉公司已经在其官方网站上多次修改有关自动驾驶的宣传内容。例如将"完全自动驾驶"改为"未来驾驶"，"自动驾驶"改为"自动辅助驾驶"。但是整体来看，这种修改更多的是修辞性的，没能从根本上调整特斯拉对自动驾驶技术宣传的根本逻辑，特斯拉所渲染的无人驾驶的意向本身没有得到多少调整。我们针对这一特殊的广告当中所植入的技术意向性，应该进行充分反思。第一，特斯拉公司在其网站上的宣传，应用醒目的字体标注出其自动驾驶能力仅为L2级别，应该删除可能带来错误联想的有关自动驾驶的含糊其词的宣传语。第二，汽车公司（车厂）将对未来的想象作为其营销手段的策略应该受到更加严格的限制。汽车和其他的家用电器，比如电脑、电视等有很大不同。汽车的使用情境一般来说充满挑战和危险，它在高速和高温的情况下运转，一点儿闪失都有可能造成驾驶员或公共财产的巨大损失。因此，应该对其销售策略可能造成的危害做严格管理。第三，特斯拉应该充分应用其远程升级的能力，通过车内的交互装置推送有关安全驾驶的相关知识和提醒；针对每一项新功能的改善和提升制定相应的教育和测评办法，并通过平台推送给驾驶员；在汽车使用阶段，保证一个运转良好的驾驶培训、反馈和评价机制。

四、特斯拉软硬件的意向性分析

（一）特斯拉汽车软硬件特征

特斯拉目前采用深度学习神经网络系统和视觉声呐硬件进行数据的搜集和处理，帮助输出驾驶决策。人工神经网络是20世纪80年代人工智能领域的重要突破，它旨在逻辑上人工模拟人脑的神经元网络。①简言之，现代意义上的人工神经网络由一系列人工神经元构成。生物神经元的连接高度抽象符号化后被建模为权值，正的权重反映了一个兴奋性连接，而负值意味着抑制性连接。所有输入都通过权重进行修改并求和，即所谓线性组合。最后由一个激活函数控制振幅输出，可接受的输出范围通常在0到1或-1到1。这样构造起来的人工网络可用于预测建模，自适应控制，它可通过数据集进行不断训练。和人脑神经活动类似，其决策输出质量在相当程度上取决于输入的信息量。因此，大量的数据输入成为人工神经网络深度学习训练的基础。在硬件方面，特斯拉汽车周身遍布 8 个摄像头，1 个前向毫米波雷达，12个超声波雷达。三个摄像头前置，最远监测距离分别为250米、150米和60米。两个侧前向摄像头最远检测距离为80米，两个侧后向摄像头最远检测距离为100米，一个后向摄像头最远检测距离为50米。前向毫米波雷达最远检测距离为160米，在光线恶劣的情况下可以探测前车。12个超声波雷达最远检测距离为8米，主要用于监测汽车周围的障碍物。

相较而言，谷歌Waymo汽车以及优步无人汽车目前都使用激光雷达硬件来进行自动驾驶。激光雷达能够创造一个三维的立体地图，它能最大限度上避免因为视觉认知错误而可能导致的事故，保证汽车在任何天气条件下对周围的障碍物有感知。不过，特斯拉仍然使用视觉系统。特斯拉的工程师们认为，人从来是使用视觉系统来进行驾驶的，人的眼睛和大脑不可能创建关于周围环境的三维立体地图。特斯拉之所以选择视觉系统，出于以下三个原因。第一，激光雷达的价格较高，而视觉系统则相对便宜得多。谷歌用的激光雷达系统重达70千克，价格约7万美金，光是雷达就已经是一部高端汽车的价格。第二，在2012年的视觉识别大赛上，神经网

---

① See Nielsen Michael A., *Neural Networks and Deep Learning*, Vol. 25. San Francisco, CA: Determination press, 2015.

络技术异军突起，其识别效率和准确率都非常高。这和传统的图形识别技术产生了根本的区别。神经网络深度学习系统不需要特别复杂的算法，更加依赖大量的数据进行训练，最新视觉识别技术已经达到了类激光雷达（Pseudo-Lidar）的效果。①第三，视觉系统不需要依赖基础设施的重建，这包括道路和通信基础设施等的重新设计与建设。综合考虑，采用视觉系统来实现自动驾驶可能是一个成本相对低廉、操作性更强、应用性更广泛的技术。

（二）神经网络的算法与边缘案例

值得警惕的是，人脑的视觉识别系统和机器的深度神经网络系统有较大的差别。深度学习系统有三个主要的挑战：一是需要大量的数据进行训练，以便在大多数环境下进行有效反应。二是应对新情况的能力不足，边缘案例不能进行充分归纳，总有意想不到的特例出现。②三是黑箱效应。即使是编写神经网络的软件工程师，在一个复杂的神经网络系统作出的决定中都不一定能够直接追溯到具体何种因素决定了输出。③深度神经网络同传统的建立在规则基础上的算法有很大的不同。在规则算法中，每一个输入根据规则必定有一个特定的输出。但是，神经网络因为其复杂的层级和权重分配使得追溯原因变得非常困难。在实验室中，一个错误输出或许不会造成很大影响，但如果自动驾驶汽车在行驶中作了错误决策，就很有

---

① See Wang Y., Chao W. L., Garg D., Hariharan B., Campbell M. & Weinberger K. Q., "Pseudo-lidar from Visual Depth Estimation: Bridging the Gap in 3d Object Detection for Autonomous Driving", in Proceedings of the IEEE/CVF Conference on Computer Vision and Pattern Recognition, 2019.

② See Jordan M. I., "Artificial Intelligence—the Revolution hasn't Happened yet", *Harvard Data Science Review*, 1(1), 2019.

③ See Castelvecchi D., "Can We Open the Black Box of AI?", *Nature News*, 538(7623), 2016.

可能导致灾难性后果，而深度神经网络的黑箱效应将使得分析事故原因变得异常困难。

机器的深度学习系统不可能像人一样去理解世界的意义，并根据这种意义在新的情况下作出判断。深度神经网络需要大量数据训练，当其面对新的情况时，或许并不可能像人一样从生活世界的角度进行整体性理解。例如汽车驾驶员在高速公路上看到一个塑料袋在道路中央，它当然知道不需要避让。但是对于无人驾驶汽车来说，如果之前没有处理过这样的数据，汽车就可能将其当作一个障碍物开启避撞或避让系统，这可能会增加追尾和剐蹭的风险。一般来说，人对新情况的处理最终诉诸一个关系性的意义集合，选择不避让塑料袋预设了很多条件。例如：（1）不可伤害生命，伤害生命在道德上是错误的；（2）塑料袋不是生命；（3）塑料袋并非坚硬不可穿透的，撞向它不会伤害人和自己的生命；（4）选择绕过或急停很可能导致剐蹭与追尾，这会导致生命安全受到威胁；（5）考虑以上，不必避让塑料袋。计算机不会做这样的判断，它只会机械地调用自己的数据库。如果它没有有关塑料袋的各种物理属性的信息，以及如何应对塑料袋的训练，它就无法将塑料袋与一般的障碍物区分开来。 在2016年的汽车事故的例子，特斯拉Model S汽车未能将前方拖车的尾部同白色明亮的天空区别开来，最终导致激烈碰撞，驾驶员当场身亡，[1]而这种结果对人类驾驶员来说是完全可以避免的。

截至2020年3月，特斯拉在全球已经销售了超过100万辆电动汽车。[2]每一辆上路的特斯拉汽车都在帮助其收集更多的数据，尤其是那些极其容

---

① See "A Tragic Loss", The Tesla Team June 30, 2016, https://www.tesla.com/blog/tragic-loss.

② See "Tesla Sales Surpass 1 Million Electric Cars Globally", https://insideevs.com/news/420870/tesla-sold-1-million-electric-cars-globally/.

易造成事故的边缘案例。没有人确切知道这样的边缘案例究竟有多少，而且这样的案例总是在不断发生，不断被加入数据库中，这即我们常说的长尾问题。很显然，神经网络深度学习的归纳逻辑始终没法完全保障我们的驾驶安全，只要无法穷尽边缘案例，就无法真正保证无人驾驶的绝对安全，即使我们只期待"相对安全"，但仍然不清楚究竟搜集多少数据、穷尽多少案例算达到相对安全标准。另外，深度学习系统需要收集大量的图像数据以便对机器进行必要的训练，这一过程当然具有环境敏感性。在采访中，马斯克隐约承认特斯拉的自动驾驶系统在中国可能并没有像在美国那么好用。①大部分特斯拉的视觉信号的算法和信息都是在美国搜集的，它对美国的交通驾驶情况更加熟稔。特斯拉目前在中国建了上海的工厂，国产特斯拉的销量节节攀升，随着中国用户的增加，特斯拉的自动驾驶将会更加适应中国环境，但这个过程中的风险和成本将会由每一位中国车主来承担。

另外，即使特斯拉在有关事故的边缘案例中进行了相对充分的数据积累，但其仍没有应急处理事故的机制。因此，当汽车事实上发生事故后，或者汽车不可避免地将要发生事故时，自动驾驶系统不能够给予任何确实的帮助。我们不知道特斯拉将会如何处理电车困境难题。当自动驾驶系统注意到它必然将会撞上一个儿童或者一个老人时，它应该如何抉择呢？当它面临或者伤害驾驶员或者伤害行人的情况下应该遵守什么逻辑呢？我们不可能指望机器通过学习来对这样的问题作出道德判断。因为现实生活中这样的案例本身就非常少，数据样本量不够。另外，即使数据量足够，其背后的伦理原则也需要得到充分论证。

---

① 参见《马斯克五问五答：在中国做的是原创研发，接近L5级自动驾驶》，载腾讯网，https://new.qq.com/omn/20200709/20200709A0DMRZ00.html。

（三）辅助驾驶支持系统

除了算法和数据搜集与处理系统，必须注意驾驶实际上是一个大系统，不单指驾驶员在驾驶舱内的活动。从现象学角度去考察驾驶，驾驶至少包括社会资源支持系统和汽车的驾驶系统这两方面。就支持系统来说，它包括工业化的配置、能源的输送系统、社会保险系统等。燃油汽车已经是一个成熟的市场，围绕传统的燃油车早已构造出与之相应的社会系统支持。这一系统已经运转了很长时间，达到了相对平衡与稳定。相较而言，电动车大量生产随之必然带来相关支持系统的重构。传统支持系统发生巨大变化，由加油转变为充电。这一改变不仅意味着简单的能源替换，实际上也对传统用车体验提出了挑战。

充电和加油有诸多不同。一是充电桩整体数量目前仍远没有加油站那么多。特斯拉的充电站目前相对数量还非常稀少，即使在兼容了国家电网的充电站以后，充电站的总数也远远少于加油站。中国电动汽车充电基础设施促进联盟发布的《2019–2020年度中国充电基础设施发展年度报告》显示，截至2019年，我国公共充电桩保有量达到516396台，充电站数达35849个。[①]中国境内加油站总数早已达百万座，但相较而言，电车充电基础设施仍然无法同油车匹敌。另外，虽然特斯拉免费赠送充电桩安装服务，但购车人必须有自己的私人车位，否则无法安装。这在美国和一些欧洲国家是比较容易实现的，居住在独立住房或联排房屋中很容易安装充电桩，但在中国的情况则非常不同。中国购买特斯拉的主力人群生活在限购限号的一线城市，这些城市的停车位通常异常紧张。大量的老旧小区没有配套车位，新小区的配套车位也往往非常稀缺。在这种情况下，只有少数

---

① 报告参见中国电动汽车充电基础设施促进联盟官网，http://www.evcipa.org. cn。

的车主可以在家安装充电桩。

充电桩的短缺会导致很多问题，其中最突出的就是里程焦虑（range anxiety）。里程焦虑会降低驾驶意愿，负面影响驾驶体验，甚至可能增加驾驶风险。[①]目前已经有一些新闻报道注意到这种情况，但定量的研究还未能系统开展。充电系统对人的驾驶体验的调节还表现在更深层次的层面。因为里程焦虑，很少有人开电动车进行长途旅行。在此过程中驾驶就常被还原成"通勤"，把驾驶体验贫乏还原成通勤体验很大程度上重构了我们的驾驶经验。一般来说，家用车的驾驶体验包含三个部分：第一是通勤，即解决日常的交通问题。第二是休闲，在节假日可以乘车旅行。第三是竞速，即纯粹体验汽车的驾驶感受。一般情况下，针对这三者，不同的消费者会各有侧重，但这三者要素不是截然区分而是互相构成的。通常消费者在购买一台家用车时，也会特别强调百公里加速时间以及更大的排量。有些用户甚至在城市交通中也愿意选择SUV汽车，这正是因为其将汽车不仅看作通勤工具，同时也看作竞速和休闲用品。

目前看，电动汽车无法实现人们对传统燃油车的长途驾驶的期待。如果汽车长途旅行所带来的休闲功能无法得到满足，消费者则有可能自然强化对剩下两种功能的期待，即强调电动车通勤的便捷性以及竞速优越感。这是在日常特斯拉汽车驾驶过程当中一个较容易观察到的现象。特斯拉汽车凭借加速优势，起步更快，超车迅捷，驾驶也趋于激烈。荷兰一项研究指出，电动汽车相较于传统燃油车更加容易出现超速情况。荷兰国家统计局（Centraal Bureau Voor de Statistiek，CBS）的报告指出，2017年约有66%的插电式电动汽车驾驶员收到了超速驾驶罚单。在9000名特斯拉驾

---

① 参见孙叶、刘锴：《里程焦虑对纯电动汽车使用意愿的影响》，载《武汉理工大学学报（交通科学与工程版）》2017年第1期；Rauh N., Franke T. & Krems J. F., "Understanding the Impact of Electric Vehicle Driving Experience on Range Anxiety", *Human Factors*, 57(1), 2015.

驶员中，有四分之三获得了超速驾驶罚单，是所有汽车品牌中最高的。[①]相比之下，在同一时期，只有28%的汽油动力汽车驾驶员和46%的柴油车辆驾驶员收到超速罚单。目前国内已经有因为激烈加速所造成的事故发生。[②]虽然该报告并未尝试给出解释，但从现象学角度来看，无人驾驶汽车充电逻辑中实际上嵌入了一种特别的技术意向性，因为对汽车其他功能期待的剥夺，使得驾驶员出于补偿心理倾向于激烈驾驶。尽管这种意向性并不是工程师和企业家故意为之，但却会在客观上诱导驾驶员激烈驾驶。针对充电系统同驾驶习惯之间的关系的经验研究仍然非常匮乏，亟待得到系统开展。

五、特斯拉人机交互界面的意向性分析

（一）特斯拉人机交互界面特征

特斯拉电动汽车的人机交互系统包含自适应巡航、召唤功能、导航功能、自动变道、自动驾驶以及提示系统几方面。相较于燃油车，电动汽车真正带来的重大革新是其将汽车改造成了一台微电脑。人们对燃油汽车的理解停留在机械图景，通过拨动各式各样的物理实体按钮或开关的开合来调整齿轮之间的配合，进而通过传动装置输出动力。与之呈现鲜明对比的是，电动汽车驾驶员通过触碰一些虚拟按键来发出指令，进而通过行车电

---

① See "Three-quarters of Dutch Tesla drivers have been fined for speeding", December 17, 2018, https://www.dutchnews.nl/news/2018/12/three-quarters-of-dutch-tesla-drivers-have-been-fined-for-speeding/.

② 参见《特斯拉Model 3国内首撞，司机：我不知道这车的加速如此之快》，载搜狐网2020年9月20日，https://www.sohu.com/a/419599500_120012556。

脑来完成制动。可见，传统驾驶员在开燃油汽车的过程中对汽车的行驶进行直接干预，在驾驶电动汽车过程中驾驶员对驾驶的干预是通过计算机中介进行调节的。因此，从意向性角度考察计算机的交互界面就变得至关重要。

概言之，特斯拉的人机交互系统有以下几个特点：

一是集成性，即试图通过一个触摸式显示屏将汽车内部几乎所有的按钮做系统集成。通过显示屏的操作来完成驾驶辅助功能。例如手套箱的开合、雨刷器的启停、座椅的加热、地图的显示、目视镜的调节、影音媒体的使用，乃至前后座椅温度设定等一系列功能都在交互屏幕上完成。汽车方向盘只保留了一些最为基本的物理按钮。安置在方向盘左右两侧的滚轮可以用来进入语音指令，调节音量以及在自动驾驶模式下跟车的距离、跟车的速度等。在方向盘下端的拨杆，可以用来挂挡或选择是否进入自动驾驶模式等。

二是特斯拉的交互系统逻辑并不仅限于把一堆物理按钮数字化在一个屏幕区域，而是将其变成了一个像手机一样的人机交互界面。作为数字化的操作系统，特斯拉显示屏可以通过颜色的变化，菜单层级的调节以及界面功能的定位和分工来不断优化交互体验。例如在特斯拉Model S上用户可以根据自己的使用偏好来个性化私人交互显示界面。在特斯拉所有的车型中，交互界面都可以根据时钟来调整颜色变化，在必要的时候进入夜间模式。另外由于数字化程度高，使得特斯拉能够在屏幕上动态播放实时监督汽车的行驶情况。将集成在汽车中的摄像头和声呐波信号动画建模后播放在屏幕上，以辅助驾驶员进行驾驶。传统燃油汽车则需要特别选配这些数码配件。

三是特斯拉的交互界面具有很强的开放性。它的交互界面和燃油汽车相比并非一成不变，因其高度数字化，特斯拉可以通过云端升级的方式不断优化其交互界面，及时处理用户建议和反馈。这使得数字化的互动界面处于不断变化发展之中。这种开放的交互界面甚至可以进一步调整汽车的硬件表现，包括汽车的续航里程、汽车的刹车距离乃至于汽车的百公里加速时长等在内的一系列重要的汽车功能都可以通过软件升级进行调节。特斯拉还集成了大量影音娱乐功能，将传统汽车在驾驶过程中才使用的交互界面拓展到非驾驶状态。例如在充电或短暂的停靠过程中，驾驶员可以通过显示屏观看网络节目，甚至玩游戏。这和传统的燃油车交互系统有根本的差别。

特斯拉交互系统的以上特点给用户带来了不同以往的驾驶体验。当我们在驾驶传统燃油汽车时，我们感觉到自己在操作一个复杂的机械传动系统。但是特斯拉给人的感受是正在使用一部智能手机，它将大部分的驾驶体验置入背景，排斥我们对它的凝视，将所有对汽车的操作简化成手指在屏幕上滑动的活动。从后现象学的角度来看，我们将具体分析特斯拉交互系统如何调节人的驾驶体验。前文已经说明伊德所提出的具身、诠释、它异、背景几种人技关系。实际上，这四种关系都是身体性的关系，也就是把身体当作一个视域来感知世界。笔者将进一步考察在自动辅助驾驶过程中人崭新的驾驶体验是如何贯彻这四种关系的。

（二）交互界面的具身分析

首先，在具身关系方面，驾驶传统燃油汽车过程中车整体上可看作是人腿的一个延伸，从这一角度说，传统汽车和电动汽车并无太大区别。方向盘和目视镜的使用实际上也无非是物化了人的空间识别系统和视觉系统。方向感本身预设了身体的优先性，即将自己的身体当作三维空间最中心点，通过比照这一中心点的位置，来对周围的环境进行空间化定位。凡是我眼睛可以直视的为前面，凡是我眼睛后面的为后方，左右则对应我的左手和右手的位置来确定。因此，方向感和方位感的最根本核心是身体化知觉。交通导航GPS所规划的方位实际上是以身体方位为前提，没有身体化的方位感GPS的空间感是不可理解的。

在特斯拉的交互系统中，如果我们切入自动辅助驾驶巡航模式，方向盘的转动将由汽车软件自动完成，而目视镜的作用变得非常微弱。计算机并不需要通过目视镜而是通过遍布汽车的摄像头来收集视觉信息。汽车此时并不需要驾驶员来掌控方向，驾驶员也不再需要时刻关注目视镜，而是将自己的注意力投入在交互屏幕上，此屏幕通过3D建模实时反映汽车周围的情况。驾驶员通过观察摄像头和声呐所捕捉的数据经过中央电脑处理以后呈现的画面来理解汽车周围的情况。人此时将手放在方向盘上的目的仅仅是为了监督软件是否运转正常。

在此过程中，人与目视镜的具身关系就被篡改成人与屏幕之间的诠释关系。人通过行车电脑的交互界面来判断汽车的行驶情况，而人对方向盘的具身体验也被篡改成了它异关系。人将方向盘当成一个他者，时刻保持对它的关注以防止其未能按照自己的意图转动。另外，特斯拉采用了能量回收系统，当我们踩油门时汽车加速，当松油门时汽车进入刹车状态回收电能。这和传统的制动逻辑有了根本区别。在自动驾驶时，人的脚不必放在油门上也不必控制刹车，只需要将脚放在刹车上以防软件故障即可。制动系统的具身性在此也被还原成它异关系。

具身关系被还原成它异—诠释关系的一个直接后果是人对汽车的控制感大大下降。这就是初次使用自动辅助驾驶系统的人会非常紧张，感到监督汽车驾驶比自己驾驶汽车更加疲劳的原因。传统驾驶体验中驾驶员腿部和手部肌肉的发动，包括颈部身体的整体姿态的调整都对应着汽车的制动和方向的改变。正是通过这种输出和反馈，人获得了对汽车的全身体把握，将汽车看作自己的身体，并产生了一种得心应手的感觉。一旦将具身关系转化为它异—诠释学关系，人对于驾驶的感受仅剩阅读仪表盘和监督行车电脑运行，驾驶员感觉不到汽车的自动转向和自己身体的结合。也就是在这个时候，驾驶员才注意到自己的人身安全建立在一台机器的稳定运行之上，而非把握在自己手中。

（三）交互界面的诠释意义

就驾驶员和特斯拉汽车之间的诠释关系而言，它和一般意义上的诠释关系也有很大区别。一般的诠释关系具备以下三个特点：第一，人并不生活在其诠释设备之中，而仅仅使用诠释设备。第二，诠释结果允许多次重复，仪器并不需要一次性做最为精准的诠释。第三，主体可以对诠释结果进行修正或选择自己如何进行特定的回应。这三点都反映出主体对诠释活动本身所抱有特定的自由。例如伊德常用的温度计的例子。首先，我们和温度计并没有具身关系，仅有诠释关系。温度计并没有成为我们身体的一部分，在测温度的过程中我们也没有和温度计成为一体。其次，温度可以多次测量，以确定是否精准。这意味着主体有选择并控制多次测温的自由和能力。最后，对温度的高或低、是否适宜等，主体有自由根据自己的标准去阐释，并决定下一步的行动。

例如，在日常生活中体温计显示你的体温为37°C时，虽然这个温度比一般人的体温偏高，但还不能说你发烧了。医生可能建议你现在不需要服用退烧药，建议你多喝水，卧床休息后再测体温，那时体温可能就会恢复正常。可见诠释关系之所以可能，是因为主体想要通过技术获得自己必需的一些信息，但如何整合并理解这些信息，如何把这些信息当作有用的数据都仍然要由主体自己来决定。但是在无人驾驶汽车案例中，情况就更加复杂。无人驾驶汽车的诠释性是还原了部分具身关系的结果，同时这种诠释关系是在具身关系下完成的，人的驾驶活动发生在车舱内。主体在这一特殊的诠释关系中的自由度受到很大限制。第一，汽车在行驶过程中通过软件所诠释出来的信息是实时的，无法重复测量。第二，一旦这些信息出现偏差，其所造成的后果巨大，驾驶员或许没有时间和能力进行纠偏。第三，汽车的诠释系统一部分同人的感知系统重叠，一部分又不重叠。这必然导致主体在必要的情况下，在汽车的诠释系统和人的视觉系统中进行不断切换，这进一步牵涉人机交互问题，增加了主体的决策成本，容易造成转换困惑。①

例如，在前文所提到的交通事故案例中，调查结果显示在追尾之前的一段时间，汽车驾驶员并没有把手放在方向盘上，汽车开启了自动辅助驾驶模式。但在即将追尾的时候，汽车的防撞警报响起后驾驶员没有给予及时的反应。特斯拉给出的解释是无人驾驶系统的软硬件均未出现问题，是驾驶员没有遵守驾驶规则将手时刻放在方向盘上保持警惕导致的交通事故，因此驾驶员应该承担所有责任。而实际情况可能远比该解释复杂。一种可能情况是，驾驶员虽然没有将手放在方向盘上，但他的注意力却始终紧盯着特斯拉的交互系统，看着屏幕上特斯拉给出的可视化驾驶过程。这包括汽车是不是在马路的中央行驶、汽车的前后左右是否有阻挡物、汽车的时速等一系列具体信息。经过一段时间的驾驶，驾驶员可能认为周身布满探测器的诠释系统要比自己的眼睛更加准确。特斯拉在宣传中常宣称驾驶员可能因为疲劳或者盲区导致对交通情况失察，但计算机不会疲劳，特斯拉周围的摄像系统和声呐系统也没有死角。这样一来，人们可能过度依赖诠释系统所给出的可视化展现，即使手握方向盘也可能出现注意力过多地集中在诠释系统上而没能及时作出必要反应的情况。

而就防撞系统而言，特斯拉主要通过声音提示驾驶员前方是否有碰撞

---

① See Van Huysduynen H. H., Terken, J. & Eggen B., "Why Disable the Autopilot？", in Proceedings of the 10th International Conference on Automotive User Interfaces and Interactive Vehicular Applications, 2018(9).

风险。而在使用过程中，驾驶员可能经常发现声音提示和人的视觉提示之间并不合拍。有时候汽车离障碍物还很远，碰撞提示音已响起。有时当提示音响起时，驾驶员已经没有充分的时间反应。在实际操作过程中，特斯拉的提示音较为频繁激发，[①]以至于一些驾驶员不堪其扰，主动忽视提示音，特斯拉在软件更新当中甚至提供将提示音降低音量或敏感度的功能。更棘手的问题是，驾驶员要在特斯拉诠释系统和人的视觉系统当中不断切换。人机交互所产生的困惑可能在一瞬间夺走驾驶员的生命，光是提示音无法真正地帮助驾驶员规避可能的风险。[②]具身关系被还原成诠释关系所带来的风险挑战值得进一步关注研究。可惜到目前为止，有关这方面的研究还较为单薄。中国现已成为特斯拉最大的消费市场之一，对特斯拉自动驾驶的用户界面的诠释功能进行技术哲学和伦理学的研究变得日益迫切。

未来的研究可能主要集中在如下几方面：第一，研究将具身关系还原成诠释关系会对驾驶体验造成什么样的调节作用，进而如何影响驾驶安全。第二，如果对驾驶安全有负面的影响，我们如何能够通过软件和硬件的设计在一定程度上恢复具身关系，继而使得驾驶员能够重获对驾驶的掌控感。第三，进一步研究如何将人的视觉体验同诠释信息进行统一性调整，使得两者在切换过程当中流畅而自然，不引起误会与分神。这一工作不仅是软硬件工程师的任务，也必然要求技术哲学家和伦理学家乃至于普通驾驶员进行广泛参与。

---

① See "Constant beeping with no message re: cause", March 2014, https://forums.tesla.com/discussion/31723/constant-beeping-with-no-message-re-cause; "A high pitched beeping noise in cabin that just will not stop？" May 2015, https://forums.tesla.com/discussion/47557/a-high-pitched-beeping-noise-in-cabin-that-just-will-not-stop.

② See "Cars that beep at us don't address the real problem—we need them to intervene", 2020.7.6, https://www.techradar.com/news/cars-that-beep-at-us-dont-address-the-real-problem-we-need-them-to-intervene.

（四）交互界面与它异关系

除了诠释关系，另外值得注意的是它异关系。特斯拉汽车整体上有可能被当作他者存在，人的驾驶活动在此就被转化成为人和汽车之间的交互活动。它异关系对人造成了更多挑战，它要求人不仅要了解如何驾驶汽车，还要专门学习如何和无人驾驶汽车进行交互。一般而言，从驾校完成系统学习即可获得驾照。一旦获得驾照，驾驶员上车后只需短暂适应即可开始驾驶。即使是从手动挡驾驶转变到自动挡驾驶，也不需要特别的额外培训。相较之下，特斯拉的驾驶则需要专门的培训，未经培训上路有很大的安全风险。此时汽车在用户手中不再是一个简单的通勤工具，而变成了一个机器人，因此，如何与之交往互动就成了一个核心问题。在驾驶过程当中，这种差异会对驾驶员提出三方面要求。

第一，一旦驾驶员将汽车当作他者来看待，这必然要求驾驶员对特斯拉汽车的软硬件有比较系统全面的把握，而不能仅仅停留在对交互界面的一般了解上。不能充分了解软件设计的深层次逻辑和硬件布置，驾驶员就没有办法真正地理解汽车的驾驶逻辑，并在此基础上提前规避可能发生的交通事故。例如，只有了解特斯拉所采用的硬件是摄像头和声呐系统，驾驶员才能知道在光线不良的情况下要特别关注特斯拉自动辅助驾驶系统的反应，对其可能出现的偏差有所预期。只有理解声呐系统的探测距离十分有限，才能理解在特定情况下要对汽车自动驾驶的应急制动距离有所估计。这意味着驾驶员不仅要按照说明书去操作，更要对特斯拉可能出现的偏差有所预警。只有在"预知"模式下，驾驶员才能更好地与自动驾驶系统进行互动；而不了解这些系统，完全按照说明书规则去操作，则可能导致严重的交通事故。

第二，将汽车当作他者，驾驶员必然在一定意义上让渡自己的主体性。在驾驶过程中，驾驶决策是由驾驶员和汽车共同完成的。这就为驾驶员提出了一个新的挑战，即清楚地知晓哪些决策是自己可控的，而哪些可以交由汽车来控制。在此认知的基础上，驾驶员必须发展出一套实践智慧和身体记忆来帮助他完成驾驶活动——在何种情况下通过何种操作来完成特定驾驶任务权责的划分和执行。另外，驾驶员还必须要理解作为他者的汽车处在不断升级和调整过程中，这进一步要求驾驶员通过不断学习来调适自己与汽车的互动方式。新功能只有在不断的实操后才能被充分掌握，因此，在相当程度上驾驶员可能需要接受汽车超出预期的反应。目前，我们没有看到特斯拉在说明手册上对这些方面提出很好的建议。

一起国内的特斯拉剐蹭事故很能佐证它异关系所造成的驾驶困惑。2020年6月24日，一位特斯拉车主在深圳南坪使用自动驾驶时突然加速撞上渣土车的事故引起了普遍的关注。[①]事故发生时汽车正常直行，旁边道路的渣土车突然变道。特斯拉没有识别到渣土车并突然加速撞了上去，导致事故发生。据称，有业内人士认为卡车之所以没有被识别是因为它处于前置摄像头和前置雷达的视野盲区，因此无法正常识别。特斯拉方认为，汽车之所以突然加速是因为当时汽车正在自动跟随前方卡车，当前方卡车加速离开后，特斯拉自动加速跟随，因此并非异常加速。特斯拉的自动驾驶软硬件在当时没有故障，在碰撞前驾驶员本来有足够的时间进行反应，但没有作出任何操作，导致碰撞发生，故驾驶员应该承担全部责任。

实际情况是，特斯拉的监控系统并不存在所谓的盲区。如存在盲区，特斯拉应事先告知消费者。特斯拉在宣传过程当中不断强调自动驾驶可以极大程度上降低安全隐患，能够主动躲避行人和障碍物，比驾驶员驾驶更加安全。如果车主理解深度神经网络系统的基本逻辑和运算规则，他或许

---

① 参见《特斯拉车主卑微维权，Model 3自动驾驶突然加速撞渣土车》，载知乎网，https://zhuanlan.zhihu.com/p/152494391?from=singlemessage。

就明白特斯拉所谓的自动辅助驾驶可能永远无法穷尽边缘案例。因此在复杂路况下，车主应作防御性驾驶。车主坚称自己已经作出了防御性驾驶，但是当时的情况非常危急，没有时间作出及时反应。问题的关键是，是不是每一个人都需要学习深度神经网络后才能够购买特斯拉呢？这或许是不现实的。更加现实的策略是通过扼要的科普性介绍帮助驾驶员了解自动辅助驾驶的深层次运算逻辑，帮助他们了解和驾驶安全相关的一系列必要知识。

第三，一旦将汽车作为他者看待，在让渡主体性的同时驾驶员天然地会将汽车也看作是驾驶主体之一。在此情况下，将驾驶员是否遵守说明规则看作唯一的究责标准愈显武断。我们必须要开展大量的经验研究来考察它异关系，研究当人在什么程度和什么意义上将汽车作为驾驶主体，以及如何理解由驾驶员和汽车共同构造的驾驶经验究竟于驾驶安全有何具体影响。这一问题至今也没有得到充分研究。早先可能是由缺乏数据和有效的统计方法所致。随着特斯拉的热卖，已经有大量的数据积累，遗憾的是这方面的研究仍然非常稀缺。我们不能武断地把用户在自动辅助驾驶中的某些自然倾向当作失误操作，并企图通过强调说明书标准进行消除。一种可能的情况是，无论说明书写得多么详细，人们在驾驶过程中仍然可能将汽车当成驾驶主体之一，因此造成大量的人机协调错误，最终导致大量诉讼案件产生。所以，特斯拉必须能够将用户天然的心理诉求纳入自动驾驶设计当中，使得自动辅助驾驶更加符合驾驶员的直觉，最大限度上减少用户注意力资源的消耗。

（五）交互界面与背景关系

最后，背景关系也值得深入考察。背景关系指的是技术完全在注意力之外运转，不引起人的关注。例如中央空调系统、暖气系统等就是这样一种背景技术。背景技术一般具有几个特点。第一，技术在运转过程中非常安静，其功能的实现并不会客观上引起他人的关注。第二，主体在其中往往并不是直接使用技术而是消费技术，即主体不需要亲自上手操作。主体往往只是直接支付购买技术所带来的效果。第三，这种技术不仅仅是一个或多个技术人工物，它往往以一个整体的技术系统呈现。暖气在运行过程中并不发出任何声音，也不会有空间位置的改变。如果是地暖，我们甚至看不到它。同时，我们也不需要自己去烧锅炉取暖，只需要支付暖气费即可以获得暖气服务。另外，地暖系统总是和建筑装修系统相伴随，它嵌入这些系统，悄无声息地发生作用。满足这三个特征的技术就是一个比较稳定的背景技术。这意味着该技术是一个非常成熟的商业产品，已经使用了很多年，并且和其他的技术系统高度集成。如果一个技术总是容易出故障，需要人持续投入注意力，不断学习操作，或者和其他系统不兼容，甚至自身的运行会出现大量的噪声和空间的运动，那么这些技术都无法沉入背景。较之于地暖，传统壁炉取暖系统需要人们亲自伐木，木材在燃烧过程当中发出声音并伴有火苗跳动。它和房屋的系统之间可能发生冲突，引发火灾，因此壁炉就不是一个背景技术。

将这一思路用来考察特斯拉的自动驾驶软硬件系统，我们需要追问哪些技术成了背景技术，这种背景化于安全驾驶有何意义。这包括三个方面：第一，汽车的声呐和摄像头感知设备的运行。第二，自动驾驶的数据处理算法，即深度学习神经网络的基本运算逻辑。第三，自动辅助驾驶功能的使用。

第一，就汽车的声呐和摄像头感知设备而言，汽车的摄像头和声呐系统通过在操作界面可视化表现，呈现在注意力之中，没有沉入背景。但呈现出来的画面是3D建模画面，并不是人眼视觉画面。计算机软件已经将摄像头所捕捉的视觉信息进行了再处理，这一处理本身是一种裁切，它往往突出障碍物的有些属性而削减其他属性。例如在交互界面上，我们看不到周围汽车的颜色而只能看到障碍物的形状。事实的情况是，特斯拉模拟的画面和人眼识别的画面可能出现很大偏差，比如说把高速路两边的围栏或者城市道路两边的垃圾桶解读成锥形路障，将电动车解读成摩托车，将大型SUV解读成公交车、货车等。这一数字模拟系统在背景当中运转，它出错的频率很高，驾驶员因此很难信赖特斯拉对视觉信号的解读。特斯拉也没能提供校正系统帮助驾驶员面对这种错误解读时进行校正，以帮助系统更好地学习。这意味着将摄像头信号背景化还需要进行更加细致的考察和更精致的设计。

第二，就特斯拉的神经网络深度学习系统而言，它完全是由处在手套箱下方的行车电脑来控制。这一设计使得计算机完全在背景中运算，丝毫不引起人的关注。深度神经网络学习系统并不会告诉我们它又学习了什么边缘案例，又上传和下载了多少行车数据。人们不仅无法了解作出特定决策的根据，也无法了解计算机在决策过程当中数据的出入。这可能引起隐私侵犯等诸多问题。一般来说，背景技术只提供功能，并不收集用户的信息。一旦牵涉信息搜集活动，必须遵守知情同意原则。因此就数据问题而言，不应将技术完全沉入背景，需要通过设计使得它在某些方面引起我们的关注，激发我们的隐私自觉。另外，似乎有必要将特斯拉的运算逻辑以一种用户可体验的方式呈现出来，将其去背景化，以帮助用户理解自动驾驶的基本逻辑，进而促进辅助驾驶的安全性。相较而言，虽然乘客不需要了解飞机的无人驾驶系统，但是飞机驾驶员对此系统是十分了解的。但无人驾驶汽车则不同，用户本身又是唯一的驾驶员。自动辅助驾驶系统运算逻辑在此不能完全沉入背景，因为一旦出现闪失会造成巨大的生命损失。因此，适当的前景化设计是必要的。

第三，就自动辅助驾驶的直接使用而言，虽然特斯拉明确说明自动驾驶在当前阶段只是自动辅助驾驶，并不能够完全沉入背景，需要驾驶员对汽车保持时刻关注，双手应该总是紧握方向盘，但是这种简单的道德训诫效果很差，也是不负责任的。在现实的驾驶过程中，一旦启用自动辅助驾驶，随着时间的推移人们很容易注意力涣散，要求驾驶员在启用自动辅助驾驶模式的情况下时刻保持注意力是不现实的。特斯拉试图通过一些设计避免这一问题。比如方向盘的力感知系统发现驾驶员的手并没有在方向盘上时，汽车就会发出蜂鸣声。 如果在一定时间范围内仍然没有感知到驾驶员，汽车将会减速驻车，并取消本次旅途的自动辅助驾驶功能。但实际情况是，即使驾驶员手握方向盘，也非常容易分神，甚至出现趴在方向盘上睡觉的情况。这似乎必须要通过更加细腻的符合直觉的提示方案设计来进一步改善，防止汽车完全沉入背景。

六、结论

本章主要从技术意向性的概念出发，来研究特斯拉自动辅助驾驶功能。特斯拉汽车作为全球最为知名的电动汽车生产商之一，在全球市场上销量售遥遥领先。随着上海工厂的投产，越来越多的中国用户开始驾驶特斯拉汽车。因此，对自动辅助驾驶现象的研究变得至关重要。本章对自动驾驶广告、软硬件特征和交互特性进行了深入的技术现象学考察，详细地勾画了嵌入在这三个层面中的技术意向性。特斯拉广告中的科幻想象，对视觉识别硬件和深度学习系统的偏好，自动辅助驾驶交互中的种种工程决策，乃至于充电配套的安排，都在相当程度上影响驾驶员的能动性。驾驶这一特定的能动活动在此过程中是由技术和人一道互相构成的。传统完全归属于驾驶员的驾驶行为在自动辅助驾驶过程中被弱化，此时的驾驶员退化成了行车监督员，只有在系统出现误判的情况下才进行介入。这一变化在具身、诠释、它异和背景关系方面都在调节人的驾驶行为。汽车驾驶这一传统的交通工具使用活动被赋予了新的意义，亟待得到新的理解。只有对这一特定的人技交互活动有深刻的哲学认识，才能充分反思自动辅助驾驶行为，进一步帮助其提高安全性，并为伦理和法律的究责框架提供基础性概念和认知资源。

余 论

　　在前几章当中，笔者比较系统地梳理了技术意向性的一般概念。为了剖析这一概念，笔者首先从胡塞尔的意向性概念着手，逐步过渡到海德格尔和伊德的工作。在胡塞尔那里，意向性指的是意识的一种特殊性质。意识总是关于某物的意识。海德格尔将兴趣从意识转移到生存实践上来。海德格尔通常被认为是将技术当作第一哲学讨论的第一位哲学家。实际上，海德格尔本人并没有专门讨论技术的意向性问题。他把技术当作一个整体来批判，将技术作为一种存在论条件进行批评。但是纵观其理论，我们可以一定程度上将他的技术批评看成一种意向性批评。在海德格尔那里，技术的意向性就是此在的一种作为集置在世结构，即所谓作为现代技术的存在方式。在这里，所谓的意向性并不是指在胡塞尔那里的人的意识的某种结构，而是指人的生存的特定结构。

一、什么是技术意向性

（一）伊德对经典现象学的继承

从海德格尔的技术哲学出发，笔者过渡到了伊德后现象学对技术意向性的专门讨论。伊德的工作是在对海德格尔技术哲学批评的基础上建立起来的。他认为海德格尔的技术哲学对于揭示人的技术存在具有至关重要的作用，但海德格尔宏大的技术存在论批判过于笼统，不能为考察具体技术问题提供有益的视角。为了进一步发展技术现象学，在吸收胡塞尔的现象学的方法，实用主义关于经验的概念以及梅洛·庞蒂关于身体性知觉的考察的基础上，伊德提出了技术意向性这一概念。

20世纪80年代，科学哲学出现了实践转向。在这一过程当中，很多的学者从社会学视角来研究科学知识是如何具体产生的。他们走入实验室，考察科学家群体的习惯信念乃至于实验室空间的分布等一系列因素是如何影响科学知识的生产的。在这个宏大的背景下，技术哲学实际上也出现了某种意义上的实践转向。越来越多的学者开始关注实验室的器具是如何影响科学知识的生产的。伊德早期敏锐地注意到科学作为一种技性科学，实验仪器对知识生产发挥了重要作用。在此基础上，他进一步将这一兴趣拓展到一般技术对人的知觉的调节问题上来。他认为纯粹的社会学方法不足以帮助我们去系统地研究技术对知觉经验的调节，而现象学的研究办法对于考察这一问题十分有益。

传统的现象学考察的对象实际上不是一般意义上的"现象"。在胡塞尔的研究当中，现象学实际上考察的是关于意识的问题，即我们的意识最基本、最普遍的超验结构是什么。在胡塞尔看来，只有对意识最根本的结构进行考察和反思，我们才能深入理解各种意识的成果，其中当然也包括我们最重要的意识成果，即科学成果。因此，胡塞尔将自己的现象学理解为科学的科学。在胡塞尔看来，现代科学实际上并不是"普世的"，它实际上是"地方性"的，是西方社会一个特定的文明成果。科学要预设对自然世界的数学化和物理化，而这一活动本身是一个形而上学的建构过程。在科学的世界之前，实际上有一个更加丰富的生活世界。只有将这个生活世界一步步地进行抽象和还原，才能够得到科学的世界。

胡塞尔的现象学主要集中在考察意识的抽象结构上，其中"意向性"问题成为其讨论的核心。所谓"意向性"，指的就是主体意识活动最一般的特征，即任何一种意识活动总是关于某物的意识活动。胡塞尔发明了一整套的方法来帮助我们一步一步地逼近意识的最一般结构，这些方法当中最突出的有悬搁法和变更法。通过这些方法，我们在将一般操持的各种信念和自然态度进行剥离的基础上，通过多重变更法来寻找意识不变的结构。伊德认为胡塞尔所发展出来的现象学研究方法，对于考察技术的知觉的调节作用有重要意义。但是他并不打算把注意力集中在考察传统现象学的问题上，即考察意识的结构问题上。虽然他基本上放弃了传统现象学的问题域，但直接继承了现象学的研究方法。他将胡塞尔的"我—我思—我思之物"（ego-cogito-cogitatum）和海德格尔的"存在—于世界—之中"（being in the world）当作可以借鉴的意向性结构，试图建立人—技术—世界（human-technology-world）这一特定的技术意向结构。伊德进一步把人和技术的意向关系分为具身关系、诠释关系、它异关系和背景关系，并在此基础上系统地发展了他的技术意向性观念。后现象学实际上有它自己的本体论企图。从本体论意义上来说，后现象学揭示了人和技术的互构关系，并不存在主体使用中立的工具达到一个事先预定的目的的情况。在知觉这一抽象层面上，并没有一个和工具割裂的人以及和人割裂的工具，这两者是共生关系，始终存在于一个有机的整体当中。

（二）荷兰学派对伊德的继承

荷兰学派的部分学者直接继承了伊德的工作。近年来荷兰学派的技术哲学日新月异，引起了广泛的关注。其中，维贝克的工作主要集中在进一步发展后现象学。他在此基础上提出了所谓道德物化的理论。道德物化旨在考察技术对人的道德行为的影响。维贝克认为，人的道德决策始终都受到技术调节。技术构成道德相关的事实，提供给我们各种道德选项，同时调节我们对道德成本的感知。因此，工程师可以通过对于物的设计将特定的价值嵌入技术人工物中，并且通过物的使用、发端与流行来调节人的道德决策行为。也就是说，技术和人一道共同构造道德能动性。荷兰学派分析路径的技术哲学虽然没有专门讨论技术意向性的问题，但是和后现象学技术哲学的讨论殊途同归。克洛斯指出，技术人工物的存在主要由它的功能和物质性所决定，而功能则完全离不开人对它的设计和使用。因此，技术人工物在本体论意义上是无法脱离人而独立存在的。在他的论述框架中，人的意向性和技术物的物理属性、物质性本身就高度融合在技术人工物当中。所以，分析路径的技术哲学家实际上也认同道德物化这一基本诉求。

在梳理了技术意向性的概念以后，在最后一章中笔者试图使用这一概念来分析自动驾驶汽车的安全性问题。笔者主要以特斯拉汽车为例，考察了特斯拉汽车在广告营销、用户界面、硬件设置和内嵌算法等方面所嵌入的技术意向性。在此基础上，笔者进一步分析了技术意向性对人的驾驶行为的影响和调节，并试图提出一些建设性的修正方案。到此，技术意向性问题的讨论实现落地。

二、对技术意向性研究的批评和反思

（一）技术意向性是必要的吗？

一种观点认为我们不需要再提出一个技术意向性概念，现有的概念框架足以帮助我们理解技术所带来的各种问题。增加一个技术意向性的概念有害无益，这一概念本身就带有相当程度上的模糊性，其哲学内涵还需要得到进一步的梳理和深入阐发。的确，如果现有的概念资源足以帮助我们分析技术所带来的问题，就没有必要专门再造另外的词汇。这种说法在一定程度上是有道理的，技术意向性概念本身是一个比较新的概念，其内涵和外延亟待得到严肃的讨论和进一步发展。但经典的技术中立论观点和视角，对理解和分析现代技术所带来的纷繁复杂的挑战已经日益显得捉襟见肘。当下时代，人人身边充斥着手机、电脑、无人机等各种技术品和成千上万的手机网络应用。人在这样一个现代的技术空间当中生存，他的一举一动、一言一行，其物理和生理特征都被逐渐数字化。在这样一个前所未有的时代，人们感觉到自己的能动性正在受到不断的挑战。生活在现代的社会中，越来越多的人有一种无力感，面对技术的宏大优势，人越发觉得自己渺小。

当我们面临特定的技术品和技术选择时，我们常常没有感觉到自己是自由的主体，反而感觉自己时刻被技术选择，被技术拒绝，被技术宰制。比方说在疫情期间各种识别码以及地理追踪应用的兴起，使得不少人感觉到自由受到侵犯。有些老年人不太会使用健康码，日常生活遭遇了很大的不便，他们感觉自己在被技术拒绝；甚至出现了有些青少年因为没有智能手机和高速网络上网课而崩溃的情况。今年央视在"3·15"期间曝光了一系列平台非法收集用户信息的情况。其中最为突出的案例是科勒中国在其所有实体门店当中配备了人脸识别摄像头，在未通知用户的情况下私自收集了大量的人脸信息。通过对人脸信息的收集和比对，算法能够分析出你是第几次进入门店，你当下的情绪如何等一系列个人识别信息，以此来帮助科勒精准识别目标客户。新闻曝光后引起轩然大波，科勒连夜拆除了所有实体门店的摄像头，但就已经收集的人脸信息将做何处置并未有明确说明。 在这样一个技术泛滥的宏大背景下，将技术仅仅理解成中立的工具，将人理解成唯一的能动主体，显然已经不足以帮助我们理解当下的技术现实，遑论解决技术所带来的纷繁复杂的困惑和问题了。我们亟待一种新的理论，这一理论可以指导我们更加深刻地认识到人的技术处境，帮助我们处理包括分析技术如何调节我们的知觉、技术如何建构我们的能动性、技术的价值负载等诸多至关重要的问题。只有获得丰富的技术哲学词汇，才能帮助我们精确刻画技术现实。也只有精确地刻画了技术现实，才能有更加科学的技术治理。恰恰是在这样一个背景下，技术意向性的概念才值得进一步研究。

（二）何谓技术意向性

实际上，技术意向性这一概念很难给出精确的定义。意向性概念本身就比较复杂，当我们想到意向性时，我们通常指向胡塞尔的工作。胡塞尔的现象学在相当程度上仍然是一个主体主义哲学，他关注的仍然是人的行为意向性作为一种意识的先验结构如何得到说明。因此当我们谈到意向性时，首先想到的还是人的意向行为，指的是人的目的性活动。这就意味着意向性仅仅针对主体而言才能成立。当我们说技术意向性时，就仿佛我们认为技术也是主体，技术有能动性，技术自身是自由的。这个概念初听起来匪夷所思，接受起来也比较困难。因为我们通常预设技术是工具，技术本身不是主体，这几乎是我们的常识。

所谓意向性活动，指的就是有意志的主体的目的性活动。这当然一般指的就是人的活动。那么，从什么角度可以谈论技术的意向性呢？技术显然不是有意志的主体，这点是毫无疑问的。实际上，技术意向性这一概念只有在特定的本体论前提下才可能成立。如果我们坚持笛卡尔的心物二分的本体论，即把人当作唯一确定的认识主体，人通过心灵来认识世界，那么就很难给技术意向性提供一个可靠的论证。既然已经把心灵和物质做了本质的区分，将意向活动完全归于心智，将物质看成完全消极被动的广延，显然就很难把意向性这一属性给予物。技术意向性并不意味着技术和人一样是主体，而是说技术和人在存在论层面上本身就是一体互构的。不存在脱离技术的人，也不存在脱离人的技术，这一点在前章中已经做了充分的澄清。

在知觉这一抽象层面上来看，现象学和分析传统提示我们人和工具是不可剥离的。人的知觉总是时刻受到技术的调节，人的生活世界始终是技术参与下的生活世界。技术也恰恰是因为人的能动活动以及与人的关系构成其技术本质。既然在存在论层面上人与技术是不可二分的整体，那么我们就可能提出有别于传统的、过于强调人的意向性的技术意向性的观念。因此，技术意向性的概念只有在参照人的意向性的概念的背景下，建立在特定的人际互构的存在论的基础上，才成为一个有意义的概念。这一概念旨在消解主体主义哲学过度强调人的意向性所带来的各种问题，进而帮助我们获得理解观察当下世界的另一只慧眼。

可见，技术意向性并非旨在赋予技术和人对立的、完全独立的能动性。而且，技术也并非被当作独立于人，和人具有同样存在论地位的对象。此外，技术的能动性并不完全由技术本身来决定，技术意向性概念本身是关系性的。它只有在与人的关系中才能成立，技术经验是构成人的生活经验的重要组成部分。这一看法和把技术意向性理解成为将技术看成像人一样的有意志的能动者有巨大区别。赋予技术完全的意向性可能要等到人工智能技术高度发达，以至于机器完全实现了像人一样的意识功能时才有意义。就目前的情况来看，人工智能技术虽然已经在生活中有些层面被广泛应用，但距离人工智能实现自我意识还有相当长的一段路要走。这方面的讨论主要集中在科幻领域，远非现实。

（三）技术意向性研究的不足

技术哲学本身是一个非常年轻的研究，至今也没有形成成熟的研究范式，更没有建立起学科。这个真正兴起于二十世纪八九十年代的学术潮流，直到近年来才开始在世界范围内产生广泛而深远的影响，这主要是由于现代技术的进步以及社会生活的高度技术化所致。在这个背景下，技术意向性研究作为技术哲学的一个具体问题，其研究历史也非常短暂。在本书当中，笔者试图尝试比较系统地梳理技术意向性的概念，并利用这一概念来分析具体的前沿技术问题。技术意向性问题的研究仍有诸多不足之处，主要体现在以下三个方面。

首先，目前针对这一研究的专门工作太少，文献量并不够充分。技术意向性概念一经提出就受到了广泛的批评，有些人仍然抱有主体主义哲学的成见，对技术意向性这一概念有所排斥。后现象学关于技术意向性概念的讨论最为充分。但整体上来看，后现象学作为一个相对新兴的研究路径，近些年来并未能得到进一步发展。维贝克虽然继承了伊德的工作，但却并未能够系统创造性地发展伊德的研究，而只是将伊德系统发展出来的后现象学方法用于考察技术对于道德能动性的调节作用。从这个角度上来说，维贝克的工作是伊德的工作的应用与实践。虽然维贝克的工作在世界范围内产生了一定的影响，尤其在工业设计领域影响巨大，但是在维贝克之后后现象学似乎进入了停顿，再没有新的理论建树。这使得技术意向性概念的发展陷于停滞，颇为遗憾。荷兰的技术哲学主要发生在荷兰的四所知名理工大学内。这有利有弊：利在技术哲学研究能够贴近技术，了解技术发展前沿，因此能及时反思技术所带来的诸多问题，对技术做前沿性思考；其弊端主要在于这种思考常常满足于实用性。维贝克这些年来的主要工作逐渐转到工程教育和工业设计领域，这也是后现象学技术哲学没有得到进一步发展的主要原因。

其次，技术意向性概念并未赢得广泛的共识。目前还没有形成一个在学术界被广泛接受的技术意向性常识性概念，并能据此来分析各种技术所造成的社会问题。技术哲学相对于传统的哲学来说，本身就具有经验性特征。其研究范式兼容并包，其中文化批评、工程学、历史学、社会学乃至人类学研究都是其常见的组成部分，故不可能按照传统哲学的研究方式去研究技术哲学。过于抽象的讨论将使得技术哲学丧失它的技术性特征，无法针对具体技术进行有益的讨论。当然，技术哲学既不能够过于抽象也不能过于具体，这使得该学科逐渐消解于社会学等其他学科之中。技术哲学势必要保持自己学科范式的高度自觉，寻找一个独特的中间层面开展研究。技术意向性概念必须在这样一个层次上进行深入研究，因此技术意向性研究必然同技术哲学研究范式的反思紧密相关。只有从这一点发力，才能够对技术意向性概念可能的发展和向度有把握和规划。

最后，技术意向性问题的研究尚未能同最前沿的技术发展和技术应用广泛地结合起来。前沿心灵哲学研究仍然集中在讨论意识如何可能的问题上，对技术本身的关注较少，尤其是没有把技术和人的互构当成核心问题进行讨论。在此背景下，技术意向性并没有成为焦点问题。这不能不说十分遗憾。心灵哲学研究需要从前沿的科学和技术实践当中吸收材料，并在此基础上试图为研究提供概念性资源。但实际情况是，前沿科学技术的研究例如通用人工智能研究本身是问题导向的。科学家在大量实验的基础上发现问题。为解决这些问题，他们建立在对技术和科学广泛的知觉的基础上提出可操作的模型和概念系统，借此来指导并设计未来实验，然后再通过实验的反馈来调整模型和概念系统。因此，无论是实验还是概念系统本身，在科学活动中都具有反身性。这完全不是我们通常理解的哲学工作能胜任的。哲学工作者在书房当中不可能对这些技术发展提供洞见。科学工作在当今时代已经在相当程度上变成了一个技术工作，高度依赖于实验器具和大量的工程实验。因此，要进一步发展技术意向性概念，必须要在哲学和科学的交叉层面侧重研究人和技术的互构，而不能仅将注意力或者集中在对人的智能的刻板模仿，或者集中在通过计算机工程实践来对人的智能进行反向工程。理解最前沿的技术发展和应用能够帮助我们进一步拓展技术意向性概念，同时将技术意向性这一概念应用在考察具体技术使用过程中，可以帮助我们将技术哲学的抽象概念落地，为技术治理献策建言。

三、技术意向性的技术治理启示

技术意向性问题的考察，对于当代的技术治理主要有三方面启示。具体而言，分别为不盲目崇拜技术，将技术进行情境化考察，将技术问题作为一种生存论考察。

（一）不盲目崇拜技术

对技术意向性的考察，将使得我们不再盲目崇拜技术。中国人对于技术的理解有它非常独特的风格。我们通常把技术理解成一个完全正面的存在，技术一词本身带有积极的含义。比如我们经常会说有些人是技术流，这是一种赞美。还有所谓的"学好数理化，走遍天下都不怕"。这句话意指一个人如果学了一门技术，就可以以此谋生，安身立命。在日常语言中，科技不分家，科学就是技术，技术也是科学。中国从晚清以来承受了屈辱的历史，中国人对西方的第一印象是坚船利炮。洋务运动的目的就是广泛学习西方的先进技术，师夷长技以制夷。改革开放四十多年来，中国在政治经济文化各个层面取得了举世瞩目的成就，其中科学技术是国家崛起最为强劲的动力之一。在这样一个大背景下，科学技术被当成了第一生产力，受到了头等的重视。一定程度上，科学技术被当成了一个中立但是富有效率的工具。中国在改革开放的四十多年里培养了全世界最多的工程师，这样广大的智力储备让中国在短短的几十年当中走过了西方国家几百年走过的发展道路。

随着中国不断实现全面的现代化，技术所带来的各种各样的问题也开始层出不穷。日常生活不断被数字化，技术用品对生活空间进行挤占，这些让越来越多的人感觉到技术不仅能给我们带来福利，同时也可能给我们带来难以承受的成本。近些年来对核技术、人脸识别技术、基因编辑技术、自动驾驶技术，乃至各种前沿生殖技术等的广泛热议深刻反映出人们对技术无节制发展的担忧。技术意向性概念的提出旨在帮助我们更加深刻地理解人与技术的关系。注意到人与技术在存在论层面的互构性，注意到人的知觉始终在受到技术的调节，我们才能对技术现象进行更加深刻的反思。技术不再是一个简单的中立效率工具，它也时刻和我们的知觉相关，甚至人在技术环境当中可能受到技术的挟持。因此，对技术保持必要的反思和辩证的态度应成为现代公民的一个重要的基本素养之一。

（二）将技术进行情境化考察

通过对技术意向性研究，我们理解了技术的社会情境敏感性和关系性特征，我们不再把技术当成一个中立的工具，而是侧重考察技术和不同主体之间的交互关系。技术意向性的概念提示我们，技术可以通过放大/缩小结构来调节我们的知觉，进而建构我们的生活世界。而这种放大/缩小模式本身是情境性的，在不同情境中特定的技术会放大/缩小不同的知觉可能。同一种技术，在不同情境下，其放大/缩小的结构不变，但放大/缩小的知觉内容会发生改变。所以从这个意义上来说，我们必须要把技术置于一种关系性的场域中进行考察。

具体而言，我们要考察技术同政治、经济、文化等各个层面的不同利益相关者的交互关系，着重分析技术如何调节不同主体对于不同的生活内容的知觉。有了这样一个广阔的视角，我们才能够比较全面深刻地了解技术对生活世界的影响。比如在前一章考察自动驾驶汽车的社会问题时，笔者使用意向性概念对汽车宣传策略、交互界面、硬件设置、算法以及支持系统都做了相关分析。这牵涉技术与交通系统、技术与驾驶员、技术与消费者、技术与工程师和销售者之间的关系，其讨论并不局限在仅仅考察驾驶员和汽车之间的互动。如果仅局限在考察这一点，我们或许就只能在现有的法律和道德框架下去考察，只能分析在具体的驾驶事故中，在某个特定的时间点如何就特定的事故进行责任分配。这样狭窄的视角根本无法充分深刻剖析自动驾驶对当下生存的挑战。技术意向性的概念必然要求我们把技术置入复杂的社会关系当中进行讨论，这是这一概念的重要启示之一。

（三）将技术问题作为一种生存论考察

技术意向性概念的讨论最终指向存在论，事关人的根本存在。虽然技术哲学看起来比较偏经验，比较强调考察具体的工程实践或特定技术品对生活的影响，但是它的理论核心仍是建立在人与物的本体论的基础上。没有对人和物的本体论讨论，就没有办法建构技术哲学理论。从这个角度来说，无论是海德格尔还是伊德，或是荷兰学派都有一脉相承的特点，其最终所依赖的理论基础仍然是技术存在论。在海德格尔那里，技术被当作一种集置的生存方式。其中，此在的存在方式就是促逼万物，将万物当作持存，按照这样一种方式存在出来。现代技术是人的一种命定，人必然要按照现代技术的方式生存。现代技术是存在的一种自然展开，人无法抗拒。但这种命定并不是一种宿命，人虽然被抛入这样一种情境，但是仍然可以决定如何回应现代技术。因此人的存在，尤其人的现代性的存在，它的本质就是一种现代技术存在。

后现象学家不满于海德格尔宏大的叙事，尤其是不满于海德格尔把技术当作铁板一块进行讨论。他们认为这样做无益于考察具体技术对生活的影响。因此，如果要发展技术哲学，就必须发展一种能够切入具体技术的理论。伊德的工作集中在考察具体技术是如何调节我们知觉经验的。这种现象学努力实际上预设一种存在论，即人和技术在知觉层面完全是彼此共生、互相建构的。从这个角度来说，伊德和海德格尔有相似之处，都认为人的存在是一种技术性的存在。只不过在海德格尔那里，这种技术性的存在直接指向了人的本质，而在伊德这里，技术存在直接指向人的知觉建构。从这个角度来说，我们可以把伊德的技术存在论理解为知觉中心的技术存在论，其中知觉被赋予了存在论意义上的优先性。而在海德格尔的讨论当中，技术并不是通过调整我们的知觉来调整我们的存在。现代技术对存在的挑战表现在技术对于原初自由的遮蔽，即现代技术对时间性的破坏，这使得人丧失了可能性。除了以集置的方式在世以外，再无法想象其他的在世方式。从这个角度来说，海德格尔的技术存在论是以自由或时间性为中心的存在论。荷兰学派的技术哲学家，例如维贝克等人则完全继承了伊德的存在论工作。分析路径的代表人物克洛斯则通过人工物本体论的讨论，也明确指出技术人工物无法离开人而独立存在，它的存在是一种关系性存在，最终和后现象学路径殊途同归，都走向了道德物化这一实践策略。可见，技术哲学不能简单地被还原成技术伦理学或者技术治理术，它的理论根本仍然是其存在论向度。如何在未来进一步发展这一存在论向度，必将成为技术哲学讨论的核心重点。

参考文献

[1] 黄擎明.技术评估——理论、方法与实践[M].杭州：浙江大学出版社，1990.

[2] [德]康德.道德形而上学[M].张荣，李秋零，译注.北京：中国人民大学出版社，2013.

[3] [美]唐·伊德.让事物"说话"：后现象学与技术科学[M].韩连庆，译.北京：北京大学出版社，2008.

[4] 倪梁康.胡塞尔现象学概念通释：修订版[M].北京：生活·读书·新知三联书店，2007.

[5] [美]唐·伊德.技术与生活世界[M].韩连庆，译.北京：北京大学出版社，2012.

[6] 倪梁康."我思故我在"及其现象学的解析与重构[J].开放时代，1999（2）.

[7] 王小伟.荷兰学派道德物化观点溯源[J].自然辩证法通讯，2020（6）.

[8] 王玉平.海德格尔对现代技术的沉思[J].世纪桥，2006（11）.

[9] 宋祖良.海德格尔与当代西方的环境保护主义[J].哲学研究，1993（2）.

[10] 康敏.来自技术的危险：海德格尔对现代技术的追问[J].科学技术与辩证法，2002（2）.

[11] 葛玉海，曹志平.生产力与座架：马克思与海德格尔在技术决定论上的异同[J].自然辩证法研究，2015（4）.

[12] 王建设.技术决定论：划分及其理论要义[J].科学技术哲学研究，2011

（4）．

[13] [爱尔兰]德莫特·莫兰.意向性：现象学方法的基础[J].学术月刊，2017
（49）．

[14] 关群德.梅洛–庞蒂的身体概念[J].世界哲学，2010（1）．

[15] 韩连庆.技术意向性的含义与功能[J].哲学研究，2012（10）．

[16] 王小伟.作为一种价值的互联网：一个比较哲学的思路[J].自然辩证法
研究，2016（11）．

[17] 王小伟，姚禹.负责任地反思负责任创新：技术哲学思路下的RRI[J].自
然辩证法通讯，2017（6）．

[18] 向阳.驶向未来的无人驾驶汽车[J].科学24小时，2016（5）．

[19] 戴斌，聂一鸣，孙振平，安向京.地面无人驾驶技术现状及应用[J].汽
车与安全，2012（3）．

[20] 阮晓东.扫描19家获加州无人驾驶牌照的公司[J].新经济导刊，2016
（12）．

[21] Albert Borgmann. *Technology and the Character of Contemporary Life: A Philosophical Inquiry* [M]. Chicago and London: University of Chicago Press. 1987.

[22] Verbeek P. P.. *What Things Do: Philosophical Reflections on Technology, Agency, and Design* [M]. University park: Pennsylvania State University Press. 2005.

[23] Brentano F.. *Psychology from an Empirical Standpoint* [M]. London and New York: Routledge. 2009.

[24] Zahavi D.. *Husserl's Phenomenology* [M]. Stanford: Stanford University Press. 2003.

[25] Heidegger M., Macquarrie J. & Robinson E.. *Being and Time* [M]. New

York: Harper & Row Publishers. 1962.

[26] Ihde D.. *Technology and the Lifeworld: From Garden to Earth* [M]. Bloomington: Indiana University Press. 1990.

[27] Ihde D.. *Bodies in Technology.* Vol.5. [M]. Minneapolis: Univresity of Minnesota Press. 2002.

[28] Ihde D.. *Experimental Phenomenology: An Introduction* [M]. Albany: SUNY Press. 1986.

[29] Ihde D.. *Postphenomenology: Essays in the Postmodern Context* [M]. Evanston: Northwestern University Press. 1995.

[30] Verbeek P. P.. *Moralizing Technology: Understanding and Designing the Morality of Things* [M]. Chicago: University of Chicago Press. 2011.

[31] Ihde D.. " Philosophy of Technology ". *Philosophical Problems Today* [M]. Berlin Heidelberg: Springer. 2004.

[32] Kapp E.. *Elements of a Philosophy of Technology: On the Evolutionary History of Culture* [M]. Minneapolis: University of Minnesota Press. 2018.

[33] Lovitt W.. *The Question Concerning Technology and Other Essays* [M]. New York and London: Garland Publishing. 1977.

[34] Heidegger M.. *The Question Concerning Technology* [M]. New York and London: Garland Publishing. 1977.

[35] Heidegger M.. *The Essence of Human Freedom: An Introduction to Philosophy* [M]. London: A&C Black. 2002.

[36] Heidegger M., Stambaugh J.. *Being and Time* [M]. United Kingdom: State University of New York Press. 1996.

[37] Chill ó n J. M.. " Ready−to−Hand in Heidegger, Philosophy as an Everyday Understanding of the World and the Question Concerning Technology ".

The Hand: Perception, Cognition, Action [M]. Cham：Springer International. 2017.

[38] Ihde D.. *Technics and Praxis: A philosophy of Technology* [M]. Berlin, Heidelberg: Springer Science & Business Media. 2012.

[39] Ellul J.. " The Autonomy of Technology ". *Technology and Values: Essential Readings* [M]. Hoboken: Wiley–Blackwell. 1964.

[40] Winner L.. *The Whale And the Reactor: A Search for Limits in an Age of High Technology* [M]. Chicago: University of Chicago Press. 2010.

[41] Ihde D.. *Experimental Phenomenology: Multistabilities* [M]. Albany: Suny Press. 2012.

[42] Bijker W. E.. *Of Bicycles, Dakelites and Bulbs: Toward a Theory of Sociotechnical Change* [M]. Cambridge: MIT press. 1997.

[43] Kroes P.. *Technical Artefact: Creations of Mind and Matter: A Philosophy of Engineering Design* [M]. New York, London: Springer. 2012.

[44] D ü well M.. *Bioethics, Methods, Theories, Domains* [M]. London and New York: Routledge. 2013.

[45] Kroes P., A. W. M. Meijers. *The Empirical Turn in the Philosophy of Technology* [M]. Bingley: Emerald Group Publishing Limited. 2001.

[46] Kroes P., Verbeek P. P.. *The Moral Status of Technical Artefacts* [M]. London: Springer. 2014.

[47] Verbeek P. P.. *What Things Do: Philosophical Reflections on Technology, Agency, and Design* [M]. University Park: Pennsylvania State University Press. 2010.

[48] Crease R. P., Achterhuis H.. *American Philosophy of Technology: The Empirical Turn* [M]. Bloomington: Indiana University Press. 2001.

[49] Latour B.. *Reassembling the social: An Introduction to Actor-Network-Theory* [M]. Oxford: Oxford university press. 2005.

[50] Bentham J.. *Panopticon Or the Inspection House* [M]. Longdon: T.Payne Press. 1995.

[51] Foucault M.. *Discipline and Punish: The Birth of the Prison* [M]. New York: Knopf Doubleday Publishing Group. 2012.

[52] Latour B.. *We Have Never Been Modern* [M]. Cambridge: Harvard University Press. 2012.

[53] Bayertz K.. " Human Dignity: Philosophical Origin and Scientific Erosion of an Idea " . Bayertz K, ed. *Sanctity of Life and Human Dignity* [M]. Berlin: Springer. 1996.

[54] Skinner B. F.. *Beyond Freedom and Dignity* [M]. Indianapolis: Hackett Publishing. 2002.

[55] Skinner B. F.. *Walden Two* [M]. Indianapolis: Hackett Publishing Company. 2005.

[56] Potter M. K.. *Bertrand Russell's Ethics* [M]. London: Bloomsbury Academic. 2006.

[57] Menary R.. *The Extended Mind* [M]. Cambridge: Mit Press. 2010.

[58] Hanks C.. *Technology and Values: Essential Readings* [M]. New Jersey: John Wiley & Sons. 2009.

[59] M. Gregor and J. Timmermann. *Immanuel Kant: Groundwork of the Metaphysics of Morals: A German-English Edition* [M]. Cambridge: Cambridge University Press. 2011.

[60] Mitchell A. J.. *The Fourfold: Reading the Late Heidegger* [M]. Evanston: Northwestern University Press. 2015.

[61] Latour B.. *Science in Action: How to Follow Scientists and Engineers Through Society* [M]. Cambridge: Harvard University Press. 1987.

[62] Sensen O.. *Kant on Human Dignity* [M]. Berlin and Boston: De Gruyter. 2011.

[63] Beyleveld D., R. Brownsword.. *Human Dignity in Bioethics and Biolaw* [M]. New York: Oxford University Press. 2001.

[64] Gewirth A.. *Reason and Morality* [M]. Chicago and London: University of Chicago Press. 1980.

[65] Winner L.. *The Whale and the Reactor: A search for Limits in an Age of High Technology* [M]. Chicago and London：University of Chicago Press. 2010.

[66] Kroes P.. *Technical Artefact: Creations of Mind and Matter: A Philosophy of Engineering Design, Springer Dordrecht Heidelberg* [M]. New York, London: Springer. 2012.

[67] Nielsen Michael A.. *Neural Networks and Deep Learning.* Vol. 25 [M]. San Francisco, CA: Determination press. 2015.

[68] Latour B.. "Reassembling the Social: An Introduction to Actor-Network-Theory" [J]. *Journal of Economic Sociology.* 14(2). 2013.

[69] Kroes P.. "Engineering and the Dual Nature of Technical Artifacts" [J]. *Cambridge Journal of Economics.* 34(1). 2010.

[70] Mitcham C.. "What is the Philosophy of Technology ?" [J]. *International Philosophical Quarterly.* 25(1). 1985.

[71] Heidegger M. & Stambaugh J.. "Schelling's Treatise on the Essence of Human Freedom" [J]. *Philosophical Review.* 98(2). 1989.

[72] Pinch T. J. & Bijker W. E.. "The Social Construction of Facts and

Artefacts: Or How the Sociology of Science and the Sociology of Technology Might Benefit Each Other ” [J]. *Social Studies of Science.* 14(3). 1984.

[73] Achterhuis H.. “ De moralisering van de apparaten ” [J]. *Socialisme en democratie.* 52(1). 1995.

[74] Tomaselli S.. “ The Pirst Person: Descartes, Locke and Mind–body Dualism ” [J]. *History of Science.* 22(2). 1984.

[75] Skinner B. F.. “ Review Lecture–The Technology of Teaching ” [J]. *Proceedings of the Royal Society of London, Series B, Biological Sciences.* 162(989), 1965.

[76] Skinner B. F.. “ Baby in a Box ” [J]. *Ladies Home Journal.* 62(10). 1945.

[77] Kiverstein J.. Clark A.. “ Introduction: Mind Embodied, Embedded, Enacted: One Church or Many ? ” [J]. *Topoi.* 28(1). 2009.

[78] Winner L.. “ Do Artifacts have Politics ? ” [J]. *Daedalus.* 109(1). 1980.

[79] Friedman B.. “ Value–Sensitive Design ” [J]. *Interactions.* 3(6). 1996.

[80] Johnson R R.. “ Persuasive Technology: Using Computers to Change What We Think and Do ” [J]. *Journal of Business and Technical Communication.* 18(2). 2004.

[81] Schummer J.. “ Aristotle on Technology and Nature ” [J]. *Philosophia Naturalis.* 38(1). 2001.

[82] Bockover M. I.. “ Confucian Values and the Internet: A potential conflict ” [J]. *Journal of Chinese philosophy.* 30(2). 2003.

[83] Wang T.. “ Designing Confucian Conscience into Social Networks ” [J]. *Zygon: Journal of Religion and Science.* 51(2). 2016.

[84] Owen R., Macnaghten P. & Stilgoe J.. “ Responsible Research and Innovation: From Science in Society to Science for Society, with Society ” [J].

Science and Public Policy. 39(6). 2012.

[85] Jordan M. I.. "Artificial Intelligence—the Revolution hasn't Happened yet
" [J]. *Harvard Data Science Review.* 1(1). 2019.

[86] Castelvecchi D.. "Can We Open the Black Box of AI?" [J]. *Nature News.*
538(7623). 2016.

[87] Rauh N., Franke T. & Krems J. F.. "Understanding the Impact of Electric
Vehicle Driving Experience on Range Anxiety" [J]. *Human Factors.* 57(1).
2015.